LE LIVRE
DES
MÉTIERS FACILES

OU

MOYENS HONNÊTES DE PARVENIR EN TRÈS-PEU DE TEMPS
A GAGNER SA VIE

PAR UN DES RÉDACTEURS
du
GUIDE POUR LE CHOIX D'UN ÉTAT.

Il n'est si petit métier qui ne nourrisse son maître.

PARIS
MARTINON, LIBRAIRE-ÉDITEUR,
RUE DE GRENELLE-SAINT-HONORÉ, 14.

1855

LE LIVRE

DES

MÉTIERS FACILES.

TYPOGRAPHIE DE J. BEST,
Rue Poupée, 7.

LE LIVRE

DES

MÉTIERS FACILES

OU

MOYENS HONNÊTES DE PARVENIR EN TRÈS-PEU DE TEMPS
A GAGNER SA VIE

PAR UN DES RÉDACTEURS

du

GUIDE POUR LE CHOIX D'UN ÉTAT.

Il n'est si petit métier qui ne nourrisse son maître.

PARIS

MARTINON, LIBRAIRE-ÉDITEUR,

RUE DE GRENELLE-SAINT-HONORÉ, 14.

1855

TABLE DES MATIÈRES.

Frappez, et on vous ouvrira.

— Vous êtes sans argent?
— Oui.
— Sans état?
— Oui.
— Sans parents, sans amis, qui puissent vous aider?
— Oui.
— Qu'allez-vous faire?
— Mendier.
— C'est une honte!
— Me jeter à l'eau.
— C'est un crime!
— Que voulez-vous que je fasse?
— Il faut chercher du travail. Si vous étiez

couché dans un lit d'hôpital, vous diriez : « Ah! si seulement je n'étais pas malade, si j'avais l'usage de mes bras et de mes jambes!... » Eh bien! vous voilà en bonne santé et vigoureux. Travaillez.

— Et où trouve-t-on du travail?

— Ce petit livre va vous le dire. Lisez-le avec calme, avec attention. Il vous apprendra ce que vous pouvez faire pour gagner votre vie aujourd'hui, dans une heure, sans avance d'argent, sans apprentissage. Il vous indiquera aussi d'autres métiers qui demandent un peu d'argent à l'avance et un peu d'apprentissage.

Choisissez ce qui vous convient le mieux suivant votre position et ce que vous êtes le plus capable de faire. Une fois votre choix arrêté, en marche! en avant! cherchez, entrez dans les boutiques, dans les ateliers, dans les fabriques, dans les chantiers, demandez! A bas la paresse! à bas l'orgueil!

Il n'y a jamais de honte à demander du travail et à offrir ses services.

Le plus petit métier, dès qu'il est utile et fait

honnêtement, est aussi honorable que les plus grandes professions. Tant vaut l'homme, tant vaut son état. Ah! si vous saviez combien de grandes fortunes ont commencé par de petits métiers!

En cherchant, vous rencontrerez peut-être des gens mal élevés qui vous répondront durement; ils auront tort, ils seront à blâmer : laissez-les dire et allez plus loin; ne vous rebutez pas. Vous trouverez aussi des gens polis et bienveillants qui s'intéresseront à vous.

Frappez à une porte, à deux, à trois, à vingt, à cent! Si la centième porte se ferme devant vous, frappez à la cent et unième, elle s'ouvrira!

Rappelez-vous la maxime : « Celui qui persévérera jusqu'à la fin sera sauvé. »

Si un premier métier ne réussit pas sans qu'il y ait de votre faute, passez à un second, à un troisième. Surtout montrez du zèle et de la conscience; faites-vous aimer et estimer. Pour le reste, confiez-vous à la bonté et à la sagesse de la Providence. La roue de la fortune tourne pour tout le monde. Lé malheur n'est pas toujours à la porte des pauvres gens; un jour viendra où la bonne occasion se présentera et où, vous aussi, vous aurez votre beau rayon de soleil!

CH.

LE LIVRE

DES MÉTIERS FACILES

OU

MOYENS HONNÊTES DE PARVENIR EN TRÈS-PEU DE TEMPS A GAGNER SA VIE.

Afficheur.

Demandez à M. le préfet de police l'autorisation d'afficher. Faites votre demande sur papier timbré. Joignez-y votre passe-port et les certificats qui prouvent que vous êtes un honnête homme.

Portez ces papiers au bureau de la petite voirie, deuxième division de la préfecture de police.

Si la réponse est favorable, on vous donnera une permission écrite et une carte pour aller chercher une médaille qui vous coûtera 3 francs.

Vous irez ensuite vous offrir comme ouvrier chez les afficheurs qui ont le plus d'ouvrage, ou bien vous irez demander du travail directement chez les notaires, les avoués, les huissiers, les commissaires-priseurs, les libraires, dans les grands magasins de nouveautés, les bureaux de placement, etc.

On vous payera de 2 à 3 francs pour chaque centaine d'affiches que vous collerez sur les murs indiqués par la police.

Un homme un peu adroit n'a pas besoin de plus d'un jour ou deux pour apprendre à bien afficher. Il faut faire vite et bien, ne pas user trop de colle, et placarder droit.

Si vous travaillez pour un afficheur, il vous fournira les instruments nécessaires; si vous travaillez pour votre compte, vous aurez à acheter :

Un seau long en bois................	3 f.	» c.
Un pinceau en crin..................	1	50
Colle de poisson....................	»	15
Un tablier en fil, avec poche pour porter les affiches....................	2	50
Une petite échelle (que vous pourriez faire vous-même).................	3	»

Quand on est connu et estimé on peut parvenir à être nommé afficheur des ordonnances de police et autres actes de l'administration : alors on a des appointements fixes de 900 francs à 1 000 francs par an.

Allumeur de Réverbères.

Adressez une demande au directeur d'une des entreprises d'éclairage : s'il est prouvé que vous êtes réellement nécessiteux et honnête, on finira par vous accueillir comme allumeur de réverbères.

Un allumeur est chargé de nettoyer pendant le jour, et d'allumer et d'éteindre pendant la nuit un nombre déterminé de becs de gaz.

On a des appointements de 600 et 800 francs. La compagnie doit faire agréer les allumeurs qu'elle a choisis par le préfet de police.

Balayeur et Balayeuse.

Adressez-vous à la direction de la salubrité, rue d'Anjou-Dauphine.

Le salaire d'un balayeur ou d'une balayeuse est de 1 franc à 1 fr. 25 cent. chaque jour.

On ne travaille que le matin, en hiver de cinq heures à huit heures, en été de trois heures à six ou sept heures.

Dépense unique : deux balais, 50 centimes.

Beaucoup de concierges sont balayeurs, parce que ce métier leur permet de rentrer assez tôt à leur loge pour faire leur service ordinaire.

Un des plus riches entrepreneurs de Paris s'honore aujourd'hui d'avoir travaillé comme balayeur, pendant quatre mois de l'année 1834, pour soutenir son père, de manière à pouvoir ajouter 1 franc par jour à son salaire qui était insuffisant.

Les balayeurs sont embrigadés et divisés en

escouades qui travaillent chacune sous la surveillance d'un inspecteur.

Bimbelotier et **Bimbelotière.**

Demandez une médaille à la préfecture de police (voy. p. 1.)

Achetez des brosses communes, des éponges, de la petite mercerie, des jouets d'enfants, etc.; placez-les sur un petit étal ou magasin portatif, ou bien sur une voiture longue que vous pousserez devant vous.

La médaille qu'il faut demander à la préfecture de police coûte de 3 à 6 francs.

On peut louer la voiture à raison de 50 centimes par jour.

Si l'on se place dans un enfoncement de rue, on paye un droit de 25 ou 30 centimes.

Quand on s'établit dans une boutique, on devient un commerçant ordinaire, et on est obligé d'avoir un patente.

Boueur et **Boueuse.**

Demandez du travail à l'un des entrepreneurs chargés de ramasser les ordures de la ville dans des voitures et de les conduire aux décharges publiques. Le premier boueur que vous rencontrerez le matin vous donnera une adresse.

Chaque voiture est desservie par deux personnes : un homme robuste pour la charger et la conduire, et un vieillard ou une femme pour pousser à l'aide d'un balai les ordures sur la pelle du charretier.

Il y a presque toujours des places libres, et, pour peu qu'on remplisse les conditions de santé et de moralité, on peut espérer d'être occupé.

On gagne depuis 1 franc jusqu'à 2 fr. 50 cent., et l'on travaille depuis six heures jusqu'à onze heures et midi, à moins qu'on ne soit spécialement attaché comme domestique à l'entrepreneur, qui souvent est un cultivateur.

Brunisseuse.

Les ouvrières chargées de polir et faire reluire les gros objets d'orfévrerie et l'argenterie sont appelées brunisseuses.

L'apprentissage de cet état se fait dans les mêmes conditions que pour celui de polisseuse, avec lequel il a la plus grande analogie. On reçoit à peu près un salaire égal. (Voy. *Polisseuse.*)

Cantonnier.

Les cantonniers sont chargés de la propreté des rues et de l'entretien des routes.

Ils sont nommés : à Paris, par le préfet de police ; dans les départements, par les préfets. On doit faire appuyer sa demande par le maire, qui la transmet au préfet.

Les appointements d'un cantonnier de province vont de 300 francs à 600 francs.

Les cantonniers ont, en général, la jouissance d'une petite maisonnette.

A Paris, les cantonniers ont jusqu'à 800 francs, sans compter les gratifications qu'ils reçoivent de temps à autre pour services extraordinaires.

Cardeur, Cardeuse.

Cet état s'apprend de la même manière et en autant de temps à peu près que celui de matelassier. Il n'en diffère qu'en ce que les cardeurs ne confectionnent jamais de matelas, et qu'ils sont plus spécialement chargés de préparer les laines nécessaires à la fabrication du drap.

On gagne autant que les matelassiers. (Voyez *Matelassier*.)

Chanteur et Chanteuse aux Cafés-Concerts.

S'adresser au chef du café-concert. Les engagements se font au mois ou à la saison.

Les chanteurs de chansonnettes comiques sont les mieux rétribués.

Un chanteur ou une chanteuse ordinaire gagne

de 150 à 200 francs par mois. On est tenu de se fournir de gants et d'habits.

Le travail commence après dîner et finit à onze heures,

Chantre d'Église.

Les chantres sont engagés par le maître de chapelle, qui reçoit de la fabrique une somme fixe pour l'organisation de la musique de l'église.

Il faut connaître le plain-chant et un peu de musique. Si l'aspirant est une basse-taille, il est ordinairement engagé à l'année; si c'est un ténor, il est seulement engagé au mois. Les gros chantres ou basses-tailles ont, dans les principales églises de Paris, à Saint-Sulpice et à Saint-Roch, par exemple, 1 200 francs de fixe pour les services réguliers : ils doivent chanter les dimanches et les fêtes; mais si, dans la semaine, ils servent à un mariage ou à un enterrement, ils reçoivent chaque fois 3 ou 5 francs en dehors de leurs appointements.

Les ténors ne chantent qu'aux grand'messes des dimanches et fêtes solennelles, et reçoivent de 25 à 50 francs par mois; les services extraordinaires leur sont également payés à part.

Charbonnier et Charbonnière en Boutique.

Un ouvrier employé chez un charbonnier en boutique gagne 20 ou 25 francs par mois avec la nourriture et le logement. Dans quelques maisons, on est payé à la journée, de 2 fr. 25 cent. à 2 fr. 50 cent., sans être ni nourri ni couché.

Celui qui veut s'établir charbonnier en boutique doit avoir une somme suffisante 1° pour payer à l'avance les six premiers mois de loyer d'une boutique, 2° pour acheter une certaine quantité de combustible qu'il est obligé d'avoir en dépôt chez lui.

La patente coûte de 25 à 30 francs.

Lorsqu'on a ouvert une boutique de charbonnier, on adresse au préfet de police une demande à l'effet d'obtenir l'autorisation d'exercer définitivement. Le commissaire de police envoie l'autorisation.

La plupart des charbonniers sont en même temps porteurs d'eau, ce qui leur donne un peu plus de mal, mais aussi un bénéfice réel, car ils fournissent de l'eau à presque toutes leurs pratiques de charbon.

Charbonnier dans les Bois.

On s'adresse à un maître charbonnier dans une forêt.

Pendant le premier mois de travail, on peut gagner par jour 1 franc ou 1 fr. 20 cent. On se nourrit ordinairement en commun avec les autres ouvriers, et la dépense journalière ne monte pas à plus de 40 centimes.

Plus tard, un charbonnier gagne 2 francs et même 2 fr. 50 cent.

Avec 500 francs, on peut se bâtir deux cabanes, l'une pour le brûlage du bois qui doit faire le charbon, et l'autre pour s'abriter, et de plus payer comptant le premier bois nécessaire : on en obtient ensuite à crédit.

Un charbonnier qui travaille à son compte va vendre ou fait vendre par sa femme ou ses parents le charbon qu'il a fabriqué ; pour cela, il loue, dans les premiers temps, un mulet ou un cheval, jusqu'à ce qu'il puisse en faire l'achat, et il le charge de 8 ou 10 sacs de charbon, qu'il va débiter, trois ou quatre fois par mois, dans les villes voisines et chez les riches particuliers des environs.

Charretier.

Pour trouver de l'ouvrage, il faut avoir un passe-port, si l'on vient de la province, et, dans tous les cas, des certificats de bonne conduite.

On va demander du travail aux entrepreneurs.

La journée moyenne d'un charretier est de 4 à 5 francs.

L'apprentissage se fait en accompagnant pendant quelque temps un charretier; on l'aide à conduire ses chevaux et à charger sa voiture. Pour ce service, on reçoit du patron une légère indemnité journalière. Au bout de deux ou trois semaines, on peut être charretier en titre.

Chiffonnier et Chiffonnière.

Demandez une médaille à la préfecture de police. (Voy. p. 1.)

	f.	c.
La médaille coûte	2	»
Un mannequin	3	»
Un crochet	»	50
Une lanterne	»	75

Le gain de la nuit d'un chiffonnier est rarement inférieur à 2 francs, et quelquefois il s'élève à 3 francs et même à 4 francs. Il peut monter beaucoup plus haut, si le chiffonnier est intelligent et habile.

Il est nécessaire de se faire bien venir des agents de police et d'éviter les querelles avec les camarades.

Un chiffonnier doit connaître les heures favorables, et les débris qui sont les plus avantageux à ramasser; et il est obligé surtout, s'il veut bien gagner sa vie, d'avoir de bons rapports avec les portiers, pour qu'ils le laissent stationner devant leurs portes, ce qui lui permet d'avoir le choix dans les choses jetées hors des maisons.

Du chiffonnage on peut arriver par degrés à la profession de marchand de peaux de lapins et de chiffons.

Choriste dans les Théâtres lyriques.

Pour faire partie des chœurs d'un théâtre lyrique, il faut savoir lire la musique assez couramment et avoir de la voix.

On s'adresse au maître de chant du théâtre où l'on veut entrer; si les chœurs sont incomplets, le maître de chant réunit tous les aspirants et leur fait subir un concours, à la suite duquel il présente au directeur ceux d'entre eux qu'il a jugé les plus méritants.

Admis dans les chœurs, on peut être engagé pour trois ans. On reçoit comme émoluments : la première année, 600 francs; la seconde, 700 francs, et la troisième, 800 francs; quelquefois on arrive à 900 francs. On est tenu d'assister à toutes les répétitions et représentations. Si l'on manque d'assister à une répétition, on paye une amende ; si l'on manque à une représentation, on s'expose à être renvoyé.

Les choristes de première année sont obligés d'assister tous les jours à une leçon d'une heure qui précède la répétition.

Ceux qui sont chargés de diriger un certain nombre de choristes sont un peu mieux payés que les autres; on les appelle *chefs d'attaque.*

Chaque choriste reçoit de temps à autre un billet d'entrée pour sa famille.

Cicerone (Garçon de Place).

Adressez-vous à l'un des grands hôtels de Paris où descendent des étrangers de distinction ; fournissez de bons renseignements, et faites en sorte de convenir au maître ou à la maîtresse de l'hôtel.

L'office de cicerone consiste : 1° à indiquer au voyageur les maisons de commerce où ils peuvent faire leurs acquisitions, de confiance, et à les y conduire; 2° à leur faire visiter les monuments publics et les curiosités ; 3° à servir d'interprète aux étrangers habitant l'hôtel. Il doit au moins, pour ce dernier cas, connaître les mots les plus usités de quelques langues vivantes.

Le cicerone est ordinairement bien rémunéré

par les étrangers. En outre de leur salaire régulier, certains cicerone reçoivent une remise de 5 pour 100 sur tous les achats faits par les personnes qu'ils accompagnent. Quelques cicerone s'attachent au service de grandes familles étrangères; d'autres deviennent traducteurs et interprètes-jurés.

Cocher de Fiacre.

Il faut faire un apprentissage d'un mois environ pour apprendre à connaître les rues et à conduire les chevaux; on verse ordinairement 100 francs pour prix de cet apprentissage, et l'on dépose un cautionnement de 100 autres francs, destinés à indemniser le propriétaire de la voiture, au cas où l'on serait cause de quelque accident.

On est tenu en outre de s'acheter un uniforme ou livrée qui coûte 50 francs environ.

Lorsque le cocher a satisfait à ces conditions, le chef de l'entreprise où il prend du service adresse à la préfecture de police un certificat constatant qu'il se porte garant de la moralité du nommé N..., qui désire être cocher, et qui a fait son apprentissage chez lui. Sur cette attestation, la préfecture délivre au cocher un permis d'exercer, et lui donne une médaille ou numéro d'ordre qui coûte 1 fr. 50 cent.

Une des conditions essentielles pour être cocher de fiacre, c'est de savoir lire et écrire.

La journée moyenne d'un cocher de fiacre est de 3 francs, sans compter les pourboires qu'il reçoit et qui peuvent monter à 1 fr. 25 cent. ou 1 fr. 50 cent.; ce qui fait qu'au total un cocher gagne par jour au moins de 4 francs à 4 fr. 50 cent. Mais il est obligé de donner de temps à autre quelques sous au palefrenier chargé de soigner les chevaux, à l'homme qui lave parfois sa voiture, et aux garçons des marchands de vin afin que, pendant ses repas, ils veillent sur sa voiture.

Cocher d'Omnibus.

Il faut adresser une demande à l'une des compagnies auxquelles appartiennent les omnibus; on doit y joindre un ou plusieurs certificats constatant que l'on sait diriger convenablement un attelage, et exposer fidèlement la position dans laquelle on se trouve.

On est d'abord admis comme cocher surnuméraire, c'est-à-dire suppléant des cochers malades ou en congé : en cette qualité on travaille à peu près deux jours par semaine à raison de 3 francs par jour; ce qui fait par mois une indemnité d'environ 30 francs.

Le cocher surnuméraire dont la conduite est irréprochable est nommé cocher en titre à la première vacance, et dès lors il reçoit 3 francs 50 cent. par jour.

Les cochers, comme les conducteurs, ont un jour de congé à peu près toutes les quinzaines.

Ils sont responsables des accidents qui pourraient arriver par le fait de leur imprudence ou de leur inattention.

La place de cocher d'omnibus est une place sûre; on n'est chassé que pour inconduite ou immoralité. Les appointements sont de 1200 francs, et fixes; on ne reçoit aucun pourboire.

Le travail commence le matin à huit heures, et se termine généralement entre onze heures du soir et minuit.

Colporteur de Livres.

Adressez au préfet de votre département une demande de permission de colportage, accompagnée de votre extrait de naissance et d'un certificat de moralité délivré par le maire de la commune où vous résidez.

Pour Paris et le département de la Seine, le certificat doit émaner du commissaire de police du quartier, et les pièces doivent être adressées au préfet de police.

Les préfets ou le préfet de police ne délivrent le permis de colportage qu'après avoir pris l'avis de M. le ministre de l'intérieur.

Muni de cette pièce, présentez-vous chez les libraires ; vous aurez à fournir un petit cautionnement de 100 ou 200 francs.

Si vous voulez être colporteur à votre compte, il vous faut une avance de 600 francs au moins pour vous procurer un assortiment passable de livres.

Le colporteur qui travaille à son compte n'a besoin d'aucun cautionnement ; il achète et vend sa marchandise à son gré.

Le colporteur au compte d'un libraire a tant pour cent sur la marchandise qu'il vend : 8, 10, 15 pour cent, suivant les maisons qui l'emploient.

Les économies d'un colporteur à balle au dos pour le compte d'autrui peuvent s'élever dans l'année, s'il ne lui survient pas d'accident, à 300 ou 400 francs environ.

Le colporteur est obligé de faire viser son permis de colportage par toutes les préfectures des départements qu'il parcourt.

L'estampillage des livres regarde les libraires.

Commis de Magasin.

Dans quelques magasins, on reçoit les apprentis commis au pair seulement, ou même on leur fait payer une certaine somme comme indemnité de la nourriture et du logement, ou bien encore on ne leur fait rien payer, mais on ne les nourrit ni ne les couche.

Généralement, le temps nécessaire pour devenir commis rétribué est de dix-huit mois ou deux ans au plus.

Lorsque le terme de l'apprentissage est expiré, le commis peut être employé avec 1 000 ou 1 200 francs d'appointements, et plus s'il est habile.

Une probité scrupuleuse, une politesse sans affectation, un langage correct, l'égalité d'humeur, l'activité, l'ordre, sont des conditions indispensables pour être un bon commis.

Une fois qu'un commis s'est bien mis au courant de toutes les affaires de son métier, et qu'il connaît parfaitement la marchandise dont il fait commerce, il peut gagner par an depuis 2 400 jusqu'à 3 000 francs, et davantage.

Le travail commence ordinairement à huit heures du matin pour finir à neuf ou dix heures du soir. Les commis sont obligés d'être présents à l'ouverture du magasin pour faire les étalages ; un bon étalagiste est toujours bien payé et fort recherché.

En dehors des heures de travail, il est utile d'apprendre la langue française, les mathématiques, la tenue des livres, la géographie commerciale et industrielle, l'anglais, etc., si l'on veut élever sa condition.

Commis d'Octroi.

On adresse une demande à M. le préfet de la Seine, et si l'on ne connaît pas de personne influente qui veuille l'apostiller, on va la porter soi-même à l'hôtel de ville, afin de faire valoir les titres que l'on a à la bienveillance et à l'intérêt des administrateurs.

Avoir vingt et un ans au moins et trente-cinq ans au plus est une condition indispensable pour être nommé; il faut aussi être robuste et d'une bonne santé, sans cela on ne pourrait occuper cet emploi, qui est très-pénible.

On est ordinairement reçu par l'administration au titre d'aspirant, c'est-à-dire que l'on est chargé du service le plus fatigant et le plus désagréable; on reçoit deux francs par jour. Après deux mois environ, on devient surnuméraire et l'on jouit d'un traitement de 600 francs; enfin, au bout de quelques autres mois on passe commis en titre avec 900 francs d'appointements, surévalués d'un cinquième payé par les contributions indirectes, ce qui fait un peu plus de 1 100 francs. La surévaluation a lieu pour tous les grades.

L'employé peut passer de la troisième à la deuxième et à la première classe avec 1 200 et 1 400 francs d'appointements, et devenir même brigadier et contrôleur ambulant. Les traitements de ces derniers sont de 2 000 et 3 000 fr. avec le logement.

Pour passer d'un grade à l'autre, jusqu'à celui de contrôleur ambulant, il faut subir un examen peu difficile sur l'orthographe, le calcul et la géométrie élémentaire.

Après vingt-cinq ans de service, on jouit d'une pension de retraite payée par la ville.

Commissionnaire.

Demandez à un propriétaire l'autorisation de vous établir comme commissionnaire devant sa maison.

Présentez-vous ensuite chez le commissaire de police avec votre passe-port, si vous venez de province, et avec deux personnes patentées qui attestent votre moralité. Le commissaire vous délivrera un certificat que vous présenterez à la préfecture, et sur le vu duquel vous obtiendrez une médaille qui coûte 2 francs.

Lorsque vous serez muni de cette médaille, le commissaire vous autorisera à stationner dans telle rue que vous désignerez.

La journée moyenne d'un commissionnaire est de 3 ou 4 francs.

Il peut arriver qu'il reste plusieurs jours sans rien gagner, mais, par compensation, il gagne quelquefois jusqu'à 20 francs par jour.

Le crochet dont un commissionnaire doit être muni coûte environ 5 ou 6 francs.

On cite plusieurs négociants qui ont commencé par être commissionnaires, garçons de peine, commis, et qui, grâce à leur probité, leur zèle, leur application au travail et leur intelligence, sont arrivés à être chefs de maisons de commerce considérables.

Conducteur d'Omnibus.

A moins d'être personnellement connu d'un des agents supérieurs d'une compagnie, on doit produire des pièces qui constatent que l'on est d'une probité sans tache, et un extrait de naissance.

Les anciens militaires et les pères de famille sont ceux qui ont le plus de chance d'obtenir un de ces emplois.

Il faut, avant tout, savoir lire et écrire.

On fournit un cautionnement qui est ordinairement de 150 francs. Ce cautionnement est versé entre les mains de la compagnie pour la garantir des infidélités ou des erreurs du conducteur ; elle en paye les intérêts.

Le traitement est fixe et de 1 200 fr. environ par an, ou 3 fr. 50 cent. par jour.

On a droit à un jour ou deux de congé par mois.

Copiste de Musique (Homme ou Femme).

On s'adresse à un éditeur de musique et on lui offre ses services, soit pour lui, soit pour ses clients.

Un copiste de musique habile gagne de 5 à 6 francs par jour. Si l'on est assez occupé pour avoir des aides chez soi, on peut arriver à des bénéfices plus considérables.

Cordonnier en Vieux (Savetier).

Ce métier exige un court apprentissage, que l'on peut faire chez le premier cordonnier en vieux venu.

On loue une petite échoppe dans un passage peu fréquenté, sous une porte cochère ou bâtarde, ou bien encore on se construit, à l'aide de quelques planches et avec l'autorisation du propriétaire, une boutique dans un enfoncement de maison. Soit qu'on loue ou qu'on construise, la somme à débourser est minime. Ce qui coûte un peu plus, ce sont les outils indispensables que l'on est obligé d'acheter : pinces, tranchets, marteaux, tenailles, alènes, plastron, astic, mailloches, roulette, bisciglès, planches, bois pour les formes, etc.; le tout, joint à un siége, peut revenir à une vingtaine de francs.

Il faut se faire bien venir des bonnes et des

domestiques, qui sont les pratiques les plus habituelles ; surtout il faut être exact à remettre les chaussures au jour et à l'heure que l'on a fixés en acceptant l'ouvrage.

On peut gagner 4 et 5 francs par jour.

Par une conduite sage et rangée, on parvient quelquefois à obtenir une place de portier.

Quelques cordonniers en vieux font aussi du neuf grossier pour les porteurs d'eau et ceux qui par état sont obligés à des courses nombreuses.

Courtier de Commerce (Homme ou Femme).

La plupart des fabricants ont des courtiers, c'est-à-dire des commis chargés d'aller présenter la marchandise aux marchands et de la vendre.

Parmi les courtiers en bijouterie et orfévrerie, par exemple, beaucoup sont d'anciens ouvriers dans la partie, qui, ayant l'intention de s'établir ultérieurement, veulent apprendre le commerce sans aucune perte de temps ou d'argent, puisqu'ils gagnent plus comme courtiers que comme ouvriers. Mais il n'est pas nécessaire d'avoir été ouvrier pour être bon courtier : il suffit d'avoir quelque instruction, beaucoup d'activité et une bonne tenue. Les courtiers ne sont pas salariés partout au même taux et de la même manière : dans certaines maisons, ils reçoivent 50 francs d'appointements par mois et ont un ou un demi pour cent sur les affaires qu'ils traitent ; dans d'autres, ils ont des appointements fixes sans remises, qui varient de 1 500 à 2 500 francs. Aucun courtier ne gagne moins de 1 500 francs, peu dépassent 3 000 francs. La moyenne est de 2 000 francs.

Lorsqu'on a été courtier durant quelques années et qu'on est parvenu à se faire bien venir des fabricants et des marchands, on trouve facilement à s'établir soi-même, grâce aux marchandises que tous ces commerçants confient à condition, c'est-à-dire que l'on rend, si on ne les vend pas, sans payer aucun intérêt pour tout le temps qu'on les a gardées.

Cuisinier.

L'apprentissage se fait dans un grand hôtel ou dans un bon restaurant, aux conditions suivantes : le patron s'engage à nourrir et coucher l'élève cuisinier; celui-ci doit donner deux et quelquefois trois ans de son temps, et n'a droit à aucun salaire pendant la durée de son apprentissage. Cependant il se fait toujours quelques petits bénéfices par les pourboires qu'il reçoit lorsqu'il va porter quelques mets en ville.

Lorsque l'apprentissage est terminé, le cuisinier trouve facilement à se placer, pour peu qu'il ait du talent, soit chez un particulier, soit dans un hôtel ou dans un restaurant; mais il vaut mieux entrer chez un particulier, on y jouit de plus d'égards et on y gagne davantage.

La journée d'un cuisinier qui n'est pas à gages au mois ou à l'année varie de 7 à 8 francs, et il n'est occupé que sept ou huit heures.

Dans un restaurant ou établissement public, un cuisinier gagne 150 francs par mois en moyenne ; ceux qui sont chefs reçoivent jusqu'à 200 francs, mais ils n'ont pas d'autres bénéfices.

Les cuisiniers dans les grandes maisons bourgeoises reçoivent jusqu'à 3 000 francs par an, non compris les petits profits.

Dans très-peu de maisons, les cuisiniers ne sont pas nourris ; on leur donne, en sus de leurs appointements, une indemnité de nourriture.

L'apprentissage de la cuisine se fait également chez les pâtissiers : nous donnerons à cet article les conditions auxquelles il a lieu.

Cureur d'Égouts.

Faites une demande à la préfecture de la Seine et donnez vos nom et adresse.

On est obligé de se fournir d'une paire de bottes spéciales au métier et d'une ceinture de cuir ; ces deux objets coûtent environ 25 ou 28 francs, si l'on ne les trouve à acheter de hasard.

Le travail consiste à descendre, au moyen d'une échelle, dans les égouts, et à les débarrasser, à l'aide de pelles, des immondices et des matériaux qui empêcheraient le libre écoulement des eaux. On doit en même temps s'assurer que l'égout est en bon état.

La journée des cureurs d'égouts est de 3 et 4 francs; un chef d'escouade a 5 et 6 francs. Quelquefois la ville charge les cureurs d'égouts de travaux extraordinaires, tels que la destruction des rats, etc., pour lesquels elle leur donne une indemnité.

Daguerréotypeur (ou Photographe).

Pour l'apprentissage de cet état, il faut environ trois mois de travail assidu, chez un maître qui demande ordinairement une somme de 200 ou 300 francs pour prix de ses leçons.

On peut apprendre sans qu'il en coûte rien, si l'on réussit à entrer chez un daguerréotypeur ou photographe comme garçon de laboratoire.

Les dépenses pour s'établir sont assez considérables, puisqu'il faut acheter un daguerréotype, des plaques en cuivre, quelques autres instruments, etc.; le tout pouvant revenir à 300 fr., à moins de trouver un daguerréotype d'occasion. Il faut en outre avoir un cabinet ou une galerie vitrée exposée au soleil.

Les daguerréotypeurs ou photographes les moins habiles et les moins heureux gagnent ordinairement en moyenne de 8 à 10 francs par jour.

Débardeur.

Le débardeur charge et décharge les bateaux sur les ports de mer ou de rivières ; il dépèce la carcasse des bâtiments de toute dimension en état de vétusté ou hors de service.

En général, les débardeurs se réunissent en société.

Présentez-vous sur le port et offrez vos services aux différents bateaux qui sont en chargement ou en déchargement ; demandez à entrer dans une des sociétés. Si vous êtes admis, vous aurez de l'occupation toutes les fois qu'il y aura de l'activité sur le port.

On n'est presque jamais payé à la journée ; on travaille à forfait ; en moyenne le gain revient à 3 ou 4 francs par jour.

Décrotteur.

Mêmes formalités à remplir que pour être commissionnaire. (Voy. page 19.)

La dépense se réduit à :

Une boîte de	3 f.	» c.
Trois brosses à cirer	3	»
Une brosse à habit	1	»
Un pot de cirage	»	50
Un tabouret	»	75
Une médaille de la police	2	»
En tout	10	25

Un décrotteur gagne 2 francs par jour et quelquefois de 4 à 5 francs.

Généralement, les commissionnaires exercent ce métier pendant le temps que leurs autres occupations leur laissent libre.

Demoiselle ou Dame de Comptoir.

On n'est reçue comme demoiselle de comptoir que par l'entremise de personnes recommandables ou en produisant d'excellents certificats.

Il faut savoir lire, écrire, calculer et avoir de bonnes manières : l'amabilité et la prévenance sont des qualités indispensables.

La dame de comptoir surveille les garçons de service, inscrit les consommations servies, en reçoit le prix, compare ensuite chaque soir la totalité des consommations servies avec l'argent en caisse et en fait la balance; elle doit en outre tenir les comptes des habitués qui ont un crédit dans la maison.

Les appointements d'une demoiselle ou dame de comptoir varient de 500 à 1 200 francs par an, suivant l'importance de l'établissement qui l'occupe. Quelquefois on est logée et nourrie.

Dévideur ou Dévideuse de Coton.

Présentez-vous dans une des filatures de coton qui se trouvent dans Paris ou les environs, aux Batignolles, à la barrière d'Enfer, à la barrière de Sèvres, à Vaugirard, etc., et tâchez de vous faire agréer.

Si vous avez déjà quelque expérience du métier, on vous donnera de 1 fr. 25 cent. à 2 francs; dans le cas contraire, vous ferez votre apprentissage en ne gagnant que très-peu de chose pendant un mois ou deux.

On travaille ordinairement douze heures par jour y compris le temps des repas; les personnes qui font une ou deux heures en sus de la journée reçoivent, au bout de la semaine, une augmentation de salaire.

Quand on est connu, on peut trouver à travailler chez soi.

Écaillère.

Il faut d'abord faire choix d'un emplacement convenable, c'est-à-dire aux alentours duquel il n'y ait pas ou peu de concurrentes. Ce choix fait, on s'adresse à un marchand de vin pour obtenir la permission de déposer les bourriches devant sa porte. Le plus souvent le marchand de vin nourrit l'écaillère.

Une avance de 10 francs suffit pour s'établir : on achète deux ou trois bourriches d'huîtres, qui coûtent chacune 3 fr. 60 cent. ou 4 fr. 20 cent., en supposant la douzaine d'huîtres à 30 ou 35 centimes, prix le plus élevé que l'on paye lorsqu'on achète en gros. On revend à 50 centimes la douzaine, ce qui donne au moins 1 fr. 20 cent. de bénéfice par bourriche, même en supposant qu'on ait à rétribuer un commissionnaire pour les apporter du parc aux huîtres. Au bout de trois semaines d'exercice, on vend au moins cinq bourriches d'huîtres.

On ne subit presque jamais de perte ; s'il reste le soir quelques douzaines d'huîtres, on peut trouver encore à les placer chez le marchand de vin, au prix d'achat seulement.

L'été, beaucoup d'écaillères se font marchandes de fleurs, dont le dépôt est de même devant la porte du marchand de vin où elles ont passé l'hiver.

Écosseuse de Pois.

Adressez-vous à un marchand de comestibles ou à un fruitier. Une bonne écosseuse de pois gagne dans sa journée jusqu'à 1 fr. 75 cent. ; les moins habiles, 1 franc ou 1 fr. 25 cent.

Les écosseuses travaillent sous les yeux et la surveillance des maîtres de la maison : elles doivent douze heures de travail ; les heures qu'elles font en sus leur sont payées à part. Quelques-unes sont employées à forfait; plus elles écossent, plus elles gagnent.

C'est surtout aux environs de la halle et des marchés qu'on peut trouver de l'occupation.

Écrivain public.

Demandez une autorisation à la préfecture de police; choisissez une maison où se trouve un emplacement convenable pour vous établir; louez-le. Sinon, pour plus d'économie, faites-vous construire, ou construisez vous-même, à l'aide de quelques planches, une échoppe au coin d'une place publique quelconque ou dans un enfoncement de rue. Dans ce dernier cas, on paye un droit, il est vrai, peu considérable à la ville.

Ce métier, dont, il y a cinquante ans, on tirait des bénéfices considérables, quoique dégénéré aujourd'hui par suite du développement de l'instruction, est encore un de ceux où l'on gagne le mieux sa vie.

Les seuls achats indispensables sont : une mauvaise table, un tabouret, une chaise ou un vieux fauteuil pour les pratiques, un encrier et quelques plumes; tous ces objets peuvent coûter 12 ou 15 francs. La dépense la plus lourde est celle de l'échoppe, qui peut revenir, en y comprenant l'enseigne, à une trentaine de francs, si l'on sait se la construire soi-même.

Ainsi, tout compte fait, on peut avec 50 francs ouvrir une échoppe d'écrivain public.

Pendant les premières semaines, l'écrivain public ne fait pas de grosses recettes. Mais, quand il est un peu connu, les clients ne lui manquent pas, et il devient le secrétaire d'un grand nombre de domestiques et d'ouvriers, tels que maçons, paveurs, terrassiers, etc., qui ne savent pas écrire ou qui ne le savent pas assez pour faire leur correspondance eux-mêmes.

En résumé, un écrivain public se fait bien, en moyenne, de 4 à 5 francs par jour.

Lorsque les pratiques abondent, l'écrivain public échange son échoppe contre une boutique. Dès lors, son gain peut être assez considérable, surtout s'il sait traduire facilement quelque langue étrangère.

Il doit avoir un Almanach des adresses, connaître les diverses formules nécessaires pour écrire les pétitions. S'il entend un peu les affaires, s'il a quelques saines notions de droit civil et de droit administratif, surtout s'il a un bon jugement, il peut rendre de grands services et devenir le conseiller utile de beaucoup de personnes.

Enlumineur, Enlumineuse.

Pour apprendre, on donne ordinairement six mois ou un an de temps et on se nourrit. En sortant d'apprentissage, pour peu que l'on ait profité, on gagne aisément de 1 fr. 25 cent. à 1 fr. 50 cent. par jour.

Après avoir travaillé quelque temps dans ces conditions, on peut, si l'on a un peu d'habileté, cesser d'être ouvrière à la journée et s'établir enlumineuse à son compte. La difficulté consiste à trouver de l'ouvrage. On s'adresse aux imprimeurs lithographes et aux marchands de gravures, auxquels on promet du soin et de la célérité dans le travail ; ils confient ordinairement quelques pièces comme essai.

Les enlumineuses qui travaillent chez elles ou dans les ateliers des imprimeurs lithographes ne sont point payées à la journée, mais à la pièce, au cent ou à la douzaine, de manière que plus une ouvrière est habile, plus elle gagne. Il faut être ouvrière médiocre pour ne pas gagner par jour 2 francs ou 2 fr. 50 cent.

Étameur.

L'apprentissage de ce métier se fait chez les ferblantiers ; on donne plus ou moins de temps, selon que l'on est plus ou moins intelligent.

Un ouvrier gagne de 3 francs à 3 fr. 50 cent. Mais celui qui est un peu habile et qui se sent du courage peut s'établir étameur ambulant ; pour cela, il lui faut une cinquantaine de francs d'avance afin d'acheter les outils nécessaires.

On a besoin, pour travailler dans une rue ou sur une place, d'en obtenir l'autorisation de la police ; on paye un droit d'environ 10 francs par an.

La moyenne des gains journaliers d'un étameur est de 4 francs ; mais il en est qui sont plus laborieux, plus adroits, et qui se font des journées de 8 à 10 francs.

Quelques étameurs joignent à leur métier celui de raccommodeur de porcelaine, ce qui ajoute encore à leurs recettes.

Fleuriste (Fleurs artificielles).

Un apprentissage d'un an peut suffire.

Dans certaines maisons l'apprenti est reçu au pair, c'est-à-dire qu'il est nourri et couché ; dans d'autres il n'est nourri et couché qu'autant qu'il paye une certaine somme, dont le montant est stipulé au contrat d'apprentissage.

Cet état est le plus ordinairement exercé par des femmes qui gagnent en moyenne 2 francs ou 2 fr. 50 cent. par jour, en donnant douze heures de leur travail ; les heures et fractions d'heure en sus de la journée leur sont payées à part.

La journée moyenne des hommes (il y en a au moins un par chaque établissement pour le découpage, travail trop pénible pour une femme) est de 3 ou 4 francs. Quelques ouvriers et ouvrières gagnent jusqu'à 6 et 7 francs.

Cet état n'exige pas beaucoup d'argent pour frais d'établissement ; le matériel consiste en un ou deux billots en bois pour servir au découpage, en quelques emporte-pièce ayant la forme des fleurs que l'on veut fabriquer, et en quelques autres petits outils. Une personne qui veut travailler en chambre peut commencer avec 100 francs. Pour s'établir en boutique, il en coûte un peu plus, on est obligé de payer six mois de loyer d'avance.

Fossoyeur.

Faites une demande à l'effet d'être fossoyeur ; vous la porterez à l'inspecteur des cimetières, dont vous pourrez obtenir l'adresse à l'hôtel de ville. Si vous êtes méritant et qu'une place soit vacante, vous aurez chance qu'on vous l'accorde.

Les fossoyeurs ne gagnent qu'environ 2 francs ou 2 fr. 25 cent. par jour ; mais ils ont souvent des pourboires, et à la fin de l'année ils reçoivent une haute paye qui équivaut presque à leurs appointements.

Au cimetière Mont-Parnasse il y a un entrepreneur des fosses ; c'est à lui qu'il faut s'adresser pour être admis à être fossoyeur.

Fournier (ou Chef dans un Café).

Faites-vous inscrire dans un bureau de placement.

Il faut savoir bien manipuler le café et faire la cuisine. On est chargé de préparer les déjeuners, d'apprêter et servir le café aux consommateurs.

Si la maison est considérable, on donne au fournier un aide de cuisine en outre du garçon de vaisselle.

Les appointements d'un fournier varient de 50 à 100 francs, selon l'importance de l'établissement, et il a part égale dans tous les bénéfices des garçons de salle.

Frangeuse.

Cet état, qui consiste à arranger les fils d'un châle de manière à en faire des franges, n'est pas difficile à connaître ; deux mois sont suffisants pour l'apprendre.

Une ouvrière peut travailler dans une manufacture et gagner 1 franc ou 1 fr. 25 cent. par jour ; il faut être habile pour gagner 2 francs. Quand on est connu on travaille chez soi ; on est payé à tant la pièce : 75 centimes, 1 franc,

1 fr. 25 cent. Plus un châle est fin et beau, plus on paye pour le franger, car alors il y a de plus grandes difficultés pour rassembler le même nombre de fils dans chaque nœud.

Les frangeuses qui travaillent chez elles doivent se munir d'un métier qui coûte 4 ou 5 fr., d'un peigne et d'un par-dessus en indienne ou en toile pour se garantir des petits morceaux de laine qui voltigent et de la poussière.

Fripier, Fripière.

Le fripier est un marchand d'habits en boutique; c'est chez lui que les marchands d'habits ambulants vont revendre les objets qu'ils ont achetés du public.

Il répare ou fait réparer les habits, chapeaux et souliers qu'il a achetés, et les revend comme neufs aux ouvriers, à prix réduit.

Le fripier paye une patente qui est généralement de 50 francs; après avoir ouvert sa boutique, il est obligé d'en donner avis au commissaire de son quartier.

Ordinairement le fripier gagne 50 pour cent sur ses marchandises; mais il lui faut une grande connaissance du métier et beaucoup d'activité et d'énergie. Le plus souvent ce sont des marchands d'habits ambulants qui s'établissent fripiers.

Il n'est pas rare de voir un fripier se retirer,

après dix ou douze ans de travail, avec quelques mille francs de rentes. Dans cette profession on fait les affaires au comptant, et l'on ne subit aucune perte ni non-valeur.

Mille ou quinze cents francs sont indispensables pour s'établir fripier, car il faut payer six mois d'avance du loyer de la boutique que l'on prend, et l'on est obligé d'avoir quelques fonds au delà entre les mains pour n'être pas arrêté dans les achats.

Frotteur.

Mettez-vous en rapport avec un frotteur et demandez à l'accompagner pendant quelques jours pour apprendre l'état.

Lorsque vous connaîtrez bien la manière de frotter, faites l'acquisition d'un bâton à cire du prix de 1 franc ou 1 fr. 50 cent., d'une brosse de 3 francs, et d'une livre de cire de 2 fr. 40 c.; munissez-vous aussi d'un petit sac où vous mettrez votre brosse, votre cire et les pantoufles que vous êtes obligé d'avoir pour frotter.

Allez ensuite offrir vos services dans les maisons bourgeoises, en vous adressant aux domestiques, de qui dépend généralement le succès de vos démarches; ayez soin de vous faire bien venir d'eux.

On reçoit ordinairement par mois 6 ou 8 fr. pour le frottage d'un appartement une fois chaque semaine ; ce qui prend environ deux heures. Le salaire est double ou triple si l'on frotte l'appartement plusieurs fois dans la semaine.

Un frotteur habile et laborieux peut aisément gagner, en ayant seulement une vingtaine de pratiques, 100 et 150 francs par mois.

Gaînier.

Cet état demande un apprentissage de deux ans, si l'apprenti est un peu fort et adulte.

Le travail de l'apprenti consiste, pendant les premiers mois, à faire les courses et à tenir l'atelier propre; ensuite il est initié peu à peu au travail, et bientôt il ne quitte plus l'établi, même pour les courses. Lorsque l'apprentissage est terminé, il reçoit un livret signé par son patron et visé par le commissaire de police du quartier, et qui lui permet d'aller chercher du travail dans les fabriques de gaînerie. L'ouvrier qui sort d'apprentissage ne gagne guère que 2 francs par jour ; au bout de quelque temps, s'il est laborieux et intelligent, il peut gagner 4 francs et même 5 francs. Les ouvriers qui travaillent aux pièces sont payés tant par écrin ou gaîne, et ils gagnent d'autant plus qu'ils sont plus habiles et plus actifs.

Après quelques années de travail et d'expérience, on peut se créer une clientèle et devenir fabricant, en travaillant chez soi à son propre compte. On commence d'abord par fabriquer des étuis de bagues, dés et autres petits bijoux, ce qui n'exige pas une grande mise de fonds.

Garçon de Bureau.

Si l'on n'a pas de puissantes protections, la marche à suivre pour devenir garçon de bureau est celle-ci : Adressez au ministre ou au chef de l'administration dans laquelle vous désirez entrer une demande, en lui exposant tous les motifs qui peuvent intéresser en votre faveur. Dans cette demande, à laquelle vous joindrez un certificat de moralité, faites connaître votre âge et les positions que vous avez occupées jusqu'alors.

Ordinairement, quelques jours après, l'administration répond qu'elle ne peut agréer la demande, n'ayant point de place vacante. Mais il ne faut pas se rebuter. On cherche à se faire recevoir par le chef du personnel. Si le solliciteur est vraiment méritant, et si quelque place devient libre dans l'administration, ce fonctionnaire finit par s'en occuper.

Le travail d'un garçon de bureau consiste à tenir propres les pièces où travaillent les employés, à allumer les feux en hiver, à arroser les cabinets et les corridors en été, à porter les dossiers d'un bureau à un autre, à transmettre des ordres, à faire des commissions.

Les appointements varient de 900 à 1 200 fr.

par an, sans compter les étrennes que donnent au premier de l'an tous les employés du bureau, et quelquefois des gratifications. Après trente ans de service, on a droit à une pension de retraite.

Les anciens militaires sont choisis de préférence pour ces emplois.

Garçon de Café.

Si l'on ne connaît pas le service d'un café, on entre comme garçon de cuisine, c'est-à-dire pour laver la vaisselle et essuyer les verres. On est nourri, couché et blanchi. Après quelques mois de ce travail, on passe garçon de café ou de salle, et alors, si c'est dans un petit café, on peut gagner jusqu'à 50 francs par mois; si c'est dans un grand café, où les garçons n'ont pas de fixe, les bénéfices vont jusqu'à 90 et 100 francs, et dépassent même souvent cette somme.

Un garçon intelligent et rangé qui, au commencement de l'été, parvient à se placer dans un café-concert ou dans un café des boulevards, peut faire pendant les quatre mois de la saison 600 ou 700 francs d'économies.

On ne s'engage jamais au mois ni à la semaine, mais au jour le jour.

Garçon d'Hôtel.

Muni d'un certificat constatant que vous avez une bonne conduite, faites-vous inscrire dans un bureau de placement ; faites en même temps des démarches auprès des maîtres des hôtels.

Un ancien domestique, un bon garçon de café ou de restaurant, a chance de trouver une place de garçon d'hôtel.

Le travail ordinaire consiste à faire les lits et les chambres des voyageurs, à nettoyer les chaussures, à tenir la maison proprement et à s'acquitter de commissions pour lesquelles généralement on est généreusement payé.

Dans les moindres hôtels, les appointements d'un garçon joints à ses bénéfices forment un total de 80 à 100 francs par mois. Dans les grands hôtels, les garçons d'hôtel gagnent jusqu'à 200 francs.

Si l'on est intelligent et laborieux, si l'on est excité par un sage et honnête désir d'améliorer sa condition, on se met assez promptement en état d'être employé dans les services spéciaux de l'hôtel, qui exigent plus d'habitude, d'expérience, d'adresse et de tenue ; on arrive ainsi à se rendre pour ainsi dire indispensable.

Aujourd'hui l'Europe est couverte d'hôtels. Un jeune homme actif, zélé, qui séjourne successivement dans quelques établissements considérables de différents pays, est sur une excellente voie pour parvenir à être lui-même le maître d'un hôtel ou tout au moins associé au premier employé.

Il se peut que l'on gagne la confiance d'une famille étrangère et que l'on trouve avantageux de se mettre à son service.

On peut également trouver des occasions d'entrer dans une voie industrielle.

Une grande égalité d'humeur, la promptitude, une honnêteté scrupuleuse, la discrétion, l'art des prévenances, la politesse, une extrême propreté, l'habitude de l'ordre, sont au nombre des qualités les plus précieuses pour réussir dans cet état. Lorsqu'on a commencé à l'exercer, on doit se hâter de s'initier aux langues étrangères.

Garçon Épicier.

Si l'on veut entrer en apprentissage dans une épicerie, on donne un an de temps et 200 ou 300 francs d'argent ; à cette condition, on est nourri et couché, mais on ne reçoit aucune rétribution. Au bout d'un an, on gagne 10 francs ou 15 francs par mois.

Lorsqu'un garçon épicier est bien au courant du travail et du prix des marchandises, s'il est affable et prévenant, on le paye à raison de 500 ou 600 francs par an avec la nourrriture et le logement.

Dans les grosses maisons d'épicerie, on entretient des commis voyageurs qui ne gagnent pas moins de 2400 francs à 3000 francs. Si un jeune homme arrive à obtenir une de ces places, il trouve alors toujours moyen de se faire un avenir, et il finit par s'établir.

Pour fonder un établissement d'épicerie, il faut pouvoir disposer d'au moins 6000 ou 8,000 francs. Si on est honorablement connu, on trouve facilement des secours et des encouragements en argent et en marchandises chez les patrons riches.

Garçon Marchand de Vin.

Adressez-vous au bureau spécial des garçons marchands de vin; on vous fera payer un léger droit.

Si vous ne connaissez pas déjà le métier, vous serez obligé de faire un apprentissage d'un an ou deux quelquefois, durant lequel vous ne recevrez d'autres rétribution que quelques pourboires; mais vous serez nourri et couché.

Le garçon marchand de vin gagne de 30 à 50 francs par mois dans les maisons ordinaires; le salaire est un peu plus fort dans les établissements importants. On a toujours la nourriture et le logement.

Le travail consiste à descendre les pièces à la cave, à mettre le vin en bouteilles, tenir le comptoir propre, porter le vin en ville, etc.; plus tard, on est appelé à faire les mélanges et à remplacer le patron dans certains achats.

C'est ainsi que graduellement on arrive ou à s'établir, en s'aidant de quelques économies, ou à être commis d'une maison de gros; et alors on reçoit de bons appointements, surtout si l'on a acquis assez de connaissance et d'expérience pour être apte à aller présenter des échantillons en province et à l'étranger.

Garçon de Peine.

Les démarches à faire pour être garçon de peine sont presque nulles. Muni de certificats, on se présente successivement chez plusieurs fabricants ou négociants, et d'ordinaire en très-peu de temps on trouve de l'occupation.

Quoiqu'il ne soit pas indispensable de savoir lire et écrire, les patrons préfèrent un homme qui peut lire et écrire une adresse.

Cette profession, qui au premier abord semble très-malheureuse, est une de celles où on peut espérer d'arriver le plus promptement à gagner sa vie, aucun apprentissage n'étant nécessaire. Un garçon de peine n'est jamais inquiet ni embarrassé pour son travail. Il est seulement chargé de tous les gros ouvrages d'un atelier ou d'un magasin. Ce qui importe, c'est d'être robuste et bien portant, autrement on ne pourrait pas résister aux fatigues des nombreuses courses dont l'on est chargé, et à faire tous les ouvrages pénibles de l'intérieur.

Le salaire quotidien d'un garçon de peine équivaut à peu près à la journée moyenne d'un ouvrier : la première année il reçoit de 2 fr. 25 cent. à 2 fr. 50 cent.; la seconde année, de 2 fr. 50 cent. à 3 fr., ne dépassant que fort rarement cette dernière somme. Mais il faut joindre à cette journée les petits pourboires qu'on reçoit en faisant les courses, et les étrennes du premier de l'an. Ces différentes ressources réunies portent la journée de 3 à 4 francs.

Un garçon de peine n'a aucune dépense d'habillement à faire; il lui suffit d'avoir un pantalon et une blouse.

Cet état peut conduire à différentes places, notamment à celles de domestique ou de commis. On peut en changer pour devenir commissionnaire, ou même ouvrier dans la maison où l'on sert.

Si l'on faisait une course dans certains quartiers de Paris, et si l'on s'arrêtait devant la porte de chacun des fabricants ou des négociants qui ont humblement débuté par les rudes fonctions d'homme de peine, on serait étonné, consolé et encouragé.

Garçon de Pelle.

Adressez une demande accompagnée de certificats de moralité à l'agent général de la Société des marchands de charbon ; présentez-vous ensuite chez lui pour l'intéresser à vous.

Le travail d'un garçon de pelle consiste à se tenir toute la journée sur un bateau de charbon, soit pour séparer les fumerons du charbon, soit pour remplir, à l'aide d'une pelle, toutes les mesures qui sont demandées par les acheteurs.

Un garçon de pelle gagne 3 fr. 75 cent. par jour, et fait le dimanche une demi-journée qui lui est payée. Il a en outre quelques petits profits; car s'il lui est strictement défendu d'accepter aucuns pourboires des porteurs de charbon, la Société lui permet d'en recevoir des gens qui viennent eux-mêmes faire mesurer leur charbon.

Garçon de Restaurant.

Pour trouver une place de garçon de restaurant, il suffit de se faire inscrire dans le bureau de placement spécial aux garçons de café et de restaurant ; on paye pour cela un droit qui est plus ou moins élevé, selon que l'emploi qui est procuré rapporte plus ou moins. Ce droit néanmoins ne dépasse guère 10 francs.

Un court apprentissage est indispensable pour être garçon de restaurant. On commence en général par être pendant quelque temps garçon de cuisine, ou, comme on dit plus communément, laveur de vaisselle. Cet apprentissage se fait au pair, c'est-à-dire qu'on est nourri et couché.

Après deux ou trois mois de ce service, on passe garçon de salle, et alors on jouit d'un traitement qui varie, par mois, de 30 à 60 francs, et auquel viennent s'ajouter les générosités des consommateurs. Dans la plupart des restaurants de Paris on se fait chaque mois de 80 à 100 fr., sur lesquels on est obligé de payer 15 francs de blanchissage. Quelques garçons gagnent jusqu'à 200 francs par mois; mais ce n'est que dans un très-petit nombre de restaurants qu'on peut espérer de si grands avantages.

Cette profession peut conduire à celle de garçon de café et d'hôtel.

Giletière.

Adressez-vous, pour apprendre cet état, à une entrepreneuse de gilets. On exigera de vous trois mois de travail non rétribué, pendant lesquels vous serez obligée de vous nourrir.

Au bout de ce temps vous gagnerez 1 franc par jour, jusqu'à ce que vous vous sentiez assez forte pour travailler seule et à votre compte.

Une ouvrière en gilets qui travaille chez elle

gagne en moyenne 2 francs par jour ; il en est qui sont plus habiles et qui gagnent un peu plus. La plupart du temps elles travaillent à la pièce, à raison de 1 fr. ou 1 fr. 50 cent. et 2 fr. par gilet, selon qu'il doit être plus ou moins soigné.

Cet état permet à une femme de travailler chez elle. Les seuls outils dont on doit être muni sont deux paires de ciseaux, grands et petits, un fer à repasser et une table, ou, à défaut, une planche à repasser, le tout pouvant coûter de 7 à 8 francs.

Une entrepreneuse de gilets qui a trois ou quatre ouvrières sous ses ordres peut se faire 5 ou 6 francs de bénéfice par jour.

Herboriste.

L'apprenti herboriste fait les courses et aide à l'apprêt des plantes et des herbes. Dans certaines maisons, il pile dans le mortier les différentes racines dont on a besoin.

Son apprentissage terminé, il peut entrer dans une apothicairerie ; il y gagne ordinairement 500 ou 600 francs par an pour débuter, ensuite il arrive progressivement à des appointements de 1 200 à 1 500 francs avec la nourriture et le logement. Il peut aussi arriver, s'il a fait preuve d'une bonne intelligence des affaires, à être commis voyageur avec des appointements qui vont jusqu'à 3 000 francs.

Si l'apprenti ne suit pas cette voie, il s'établit herboriste, et souvent il joint à son commerce celui de la grèneterie.

L'ouverture d'un établissement d'herboriste ne coûte pas bien cher, car on a peu d'ustensiles à acheter, et la plus grosse dépense consiste à payer d'avance les six premiers mois du loyer de la boutique, et en achats de plantes, etc.

Jardinier.

L'apprenti jardinier n'est en général ni nourri, ni couché pendant la durée de son engagement. Quand l'apprentissage est terminé, on gagne d'abord 1 franc par jour. Au bout d'un an, à peu près, le salaire est porté à 2 francs, taux qu'on ne dépasse guère tant que l'on reste simple garçon jardinier. Si un jeune homme a une bonne conduite et un peu d'intelligence, il est rare qu'il ne parvienne pas à une place de garçon-maître, et alors il peut avoir un traitement fixe de 600 francs, la nourriture, le logement, le blanchissage, etc. Dans cette position, il travaille sous la direction d'un jardinier en chef, qui est payé à raison de 1 200, 1 500 et même 1 800 francs, avec le logement, la nourriture, etc.

Joueur d'Orgue de Barbarie.

Faites une demande à la préfecture de police, joignez-y des pièces constatant le lieu de votre naissance et des certificats de moralité ; on vous délivrera une médaille qui coûte 2 francs, et avec laquelle vous pourrez exercer librement votre industrie.

Si vous sortez du ressort de la préfecture de police, vous devrez faire viser votre passe-port par les autorités des départements que vous parcourrez.

Les recettes d'un joueur d'orgue à Paris sont d'environ 2 francs par jour, durant l'hiver. Dans l'été, on gagne un peu plus en parcourant la banlieue et les maisons de campagne.

Un joueur d'orgue doit chercher à découvrir les endroits les plus favorables à son industrie, tout en évitant d'aller sur les brisées des autres, s'il ne veut s'attirer des querelles souvent funestes. Celui qui joue habituellement devant une maison où on lui donne beaucoup ne souffre pas qu'aucun de ses camarades aille lui faire concurrence et lui diminuer ses gains.

De temps à autre on est obligé de faire une légère dépense pour changer quelques cylindres de l'orgue, afin de pouvoir jouer les airs nouveaux.

Si on peut parvenir à faire assez d'économies

pour acheter une lanterne magique, dont le prix moyen avec les accessoires est d'environ 60 fr., on ajoute aux bénéfices de la journée ceux que l'on peut faire le soir, en allant la montrer soit dans les maisons particulières, soit sur les places publiques. Chez les particuliers, on reçoit 2 ou 3 fr. pour une séance d'une heure ou deux. Dans la rue, on fait payer 10 centimes par personne.

Layetier-Emballeur.

On donne deux ans de temps pour l'apprentissage de cet état; on se nourrit et on se loge soi-même. Si l'on veut être nourri et couché par le patron, il faut donner quatre ans.

La partie qui concerne l'emballage exige beaucoup de soin et d'intelligence; un bon ouvrier emballeur manque rarement d'emploi.

La journée moyenne d'un ouvrier ordinaire varie de 3 fr. 50 cent. à 4 francs; quelques-uns gagnent 5 francs.

Pour s'établir layetier, il faut que l'on ait assez d'argent pour louer un logement au rez-de-chaussée, se munir de quelques outils indispensables et acheter un matériel qui revient, pour commencer, à environ 300 francs. On peut satisfaire à toutes ces dépenses avec une somme de 800 à 1 000 francs.

Le bois de travail s'achète au fur et à mesure des besoins.

Manœuvre.

Achetez une auge en bois pour porter le mortier, et qui vous coûtera 2 fr. 50 cent. ou 3 francs. Présentez-vous le matin de très-bonne heure, muni de papiers, à la place de Grève, où a lieu l'embauchage des ouvriers, ou bien à des chantiers de maçonnerie, et vous aurez chance d'être engagé par les entrepreneurs ou leurs représentants.

Le manœuvre est chargé de servir les maçons et de monter sur les échafaudages tous les matériaux qui leur sont nécessaires, tels que mortier, pierres, etc. Il est employé à la journée ou à l'heure. Dans le premier cas, il reçoit depuis 2 fr. 25 cent. jusqu'à 3 francs, et doit douze heures de travail par jour; dans le second cas, il est payé à raison de 15, 20 et 25 centimes par heure.

Marchand d'Allumettes chimiques.

La seule formalité indispensable pour exercer cette très-modeste industrie consiste à obtenir une permission du commissaire de police du quartier où l'on réside. Ce magistrat l'accorde sur la présentation d'un passe-port ou de tout autre certificat. Ensuite on achète une boîte en bois pour renfermer les allumettes; cette boîte coûte de 75 centimes à 1 franc, à moins qu'on ne la confectionne soi-même. On va faire sa provision d'allumettes chimiques dans une fabrique pour trente ou quarante sous : on en prend la moitié en paquets et l'autre moitié en petites boîtes à briquet. Le paquet de 100 à 150 se vend 1 sou; le petit briquet, selon sa grandeur, se vend 5 et 10 centimes.

Les bénéfices sont de la moitié à peu près du total de la vente. Le gain moyen d'un marchand d'allumettes chimiques est d'au moins 1 fr. 50 c., s'il parvient à vendre 60 paquets en un jour.

Quelques marchands d'allumettes les fabriquent eux-mêmes. Pour cela, ils sous-louent le coin d'une boutique de marchand de vin ou un enfoncement de porte cochère; puis ils achètent un tabouret, une planche dont ils font une table, deux ou trois outils pour la fabrication de leurs marchandises, et quelques morceaux de bois à allumettes, ainsi que soufre, phosphore, vernis, etc. Toutes ces dépenses peuvent s'élever à 25 ou 30 francs. Dans cette condition, on arrive à gagner 3 ou 4 francs par jour.

Marchand de Bulletins du Cours de la Bourse.

Obtenez une autorisation ou médaille de la préfecture de police qui vous coûtera 2 francs.

Achetez chez l'imprimeur, place de la Bourse,

une certaine quantité de bulletins et allez les vendre à l'endroit de la ville où la police vous a permis de stationner. On est obligé de payer d'avance tous les bulletins que l'on prend ; mais si, à la fin de la journée, on ne les a pas vendus tous, on se fait rembourser le prix de ceux qui restent.

Un bulletin se vend 10 centimes ; la remise qu'on fait au marchand est d'un cinquième environ. En débitant cent bulletins dans une soirée, on gagne donc à peu près 2 francs.

Les marchands du bulletin officiel de la Bourse n'étant occupés que deux ou trois heures au plus, depuis quatre heures jusqu'à six heures du soir, plusieurs d'entre eux joignent à cette industrie celle de marchands de programmes à la porte des théâtres.

Marchand de Coco.

Adressez à la préfecture de police une demande pour obtenir l'autorisation d'exercer ce métier, avec des pièces qui vous fassent connaître. On vous délivrera une médaille qui coûte 2 francs.

Achetez ensuite une fontaine portative avec six ou huit gobelets bien propres. Emplissez d'eau la fontaine et mettez-y quelques racines de réglisse et un peu de citron, etc. : avec une dépense de quatre ou cinq sous, on fait deux ou trois fontaines de coco, que l'on vend environ 1 franc chacune.

Quelques marchands de coco sont autorisés à desservir spécialement un endroit public, où nul de leurs confrères ne peut exercer ; le Palais-Royal, par exemple, est l'exploitation exclusive de deux marchands seulement, qui n'ont à y redouter aucune concurrence.

Le prix de la fontaine que l'on est obligé de porter sur le dos varie de 80 à 120 francs avec les gobelets ; une belle fontaine peut coûter 300 francs. On peut, si l'on offre quelque sécurité, obtenir de payer le prix d'une fontaine par fractions.

Le gain moyen de la journée d'un marchand de coco s'élève à 3 fr. 50 cent. et 4 francs, et les jours de fête et les dimanches, à 5 et 6 francs.

Marchand d'Habits ambulant.

Avant de demander l'autorisation d'exercer ce métier, il faut se concerter soit avec un fripier, soit avec un marchand d'habits, afin d'apprendre à connaître la valeur des divers vêtements : cette étude dure plus ou moins de semaines, suivant que l'on est plus ou moins intelligent.

Comme le marchand d'habits ambulant est un commerçant, il est obligé d'avoir une patente dont le prix varie de 25 à 50 francs ; il doit, en outre, demander à la préfecture de police l'autorisation d'exercer, en produisant un extrait de naissance et des attestations de moralité. Avec l'autorisation, on lui délivre une médaille qui coûte généralement 2 francs.

Le métier du marchand d'habits consiste à parcourir les rues de la ville du matin au soir, en poussant de temps en temps un cri énergique, pour demander si quelqu'un a des habits à vendre. On achète tout ce qui se présente, habits, chapeaux, souliers, livrées galonnées, etc., et on va les revendre, le soir même ou le lendemain matin, aux marchands du Temple ou aux fripiers. Pour commencer, il faut avoir une soixantaine de francs au moins, afin qu'après avoir fait les frais de médaille, etc., il reste quelques fonds pour les premiers achats.

Il est rare qu'un marchand d'habits ambulant, après cinq ou six ans d'exercice et quelquefois moins, n'arrive pas à économiser une couple de mille francs, avec lesquels il s'établit fripier ou marchand d'habits en boutique.

Marchande de Fleurs naturelles.

Après avoir obtenu une médaille du commissaire de police de son quartier, on peut s'établir marchande de fleurs. La dépense est moindre de 5 francs : on paye la médaille 2 francs, on achète un éventaire qui coûte 75 centimes, et il reste 2 fr. 25 c. pour les premiers achats de fleurs.

La marchande de fleurs à l'éventaire gagne, pour commencer, environ 1 fr. 50 c. par jour, et elle peut arriver à 3 francs.

Après quelques mois d'exercice, si elle a été un peu économe, la marchande de fleurs fait des achats plus considérables et se fixe sous une porte cochère ou devant la porte d'un marchand de vin, avec l'autorisation du propriétaire de la maison. Parfois elle est obligée de payer une légère rétribution au portier. Elle doit aussi avoir une chaise, un seau pour tenir ses fleurs fraîches, une table pour les déposer, etc. Si elle réussit, elle loue plus tard une boutique ou une place dans un marché.

Marchande de Friture.

On obtient la médaille, indispensable pour exercer ce métier, en s'adressant au commissaire de police.

Les frais d'établissement d'une marchande de friture ambulante ne s'élèvent pas au-dessus de 12 francs : elle n'a qu'à acheter un éventaire qu'elle attache à sa ceinture, un panier, une poêle à main, un petit réchaud et une hotte, pour tout mobilier ; elle ajoute à cela quelques pommes de terre et des provisions en charcuterie et en poissons communs.

Si la marchande est active et laborieuse, elle peut faire 3 ou 4 francs de bénéfice dans sa journée, en se levant de bonne heure et se couchant tard.

Pour s'établir marchande de friture en boutique, la dépense est un peu plus considérable. Il faut d'abord louer un petit recoin dans une rue ou chez un marchand de vin, avoir un assortiment complet de poissons, et ajouter aux ustensiles que nous avons déjà détaillés : un fourneau, un soufflet, quelques plats et assiettes, deux tréteaux, une planche, un baquet, une poêle à frire, etc. ; le tout au prix d'environ 25 francs. On peut transformer plus tard son métier en celui de rôtisseur.

Marchand de Journaux.

Demandez une autorisation à la préfecture de police : vous l'obtiendrez en produisant des papiers indiquant qui vous êtes, ce que vous faites, et la position peu aisée dans laquelle vous vous trouvez.

La médaille que vous délivrera la préfecture vous coûtera 1 fr. 50 c., et, en vous la donnant, on vous désignera l'endroit où vous devrez stationner pour exercer votre industrie.

Allez ensuite dans les bureaux des journaux que vous supposez se vendre le mieux, et achetez un certain nombre d'exemplaires. Si, dans la journée, ou dans la soirée, vous les écoulez facilement, la lendemain vous en prendrez un plus grand nombre, jusqu'à ce que vous arriviez à en vendre à peu près la même quantité chaque jour.

Le bénéfice quotidien d'un marchand de journaux varie de 2 francs à 2 fr. 50 cent. On est tenu de se rendre tous les mois à la préfecture, pour y prouver qu'on stationne toujours à la même place et répondre à diverses questions.

Marchand de Marrons.

Pour obtenir l'autorisation d'être marchand de marrons, adressez-vous au commissaire de police du quartier où vous voulez vous établir, et ce magistrat, si vos papiers sont en règle, vous fera délivrer une médaille pour laquélle vous payerez 2 francs. Sous-louez le coin d'une boutique quelconque, de celle d'un marchand de vin, par exemple, fournissez-vous du matériel qui vous est indispensable, et qui consiste en un vieux fourneau d'occasion monté sur trépied, et en une poêle percée de trous pour faire griller les marrons ; vous pouvez vous procurer ces deux objets avec 7 ou 8 francs.

Vous achèterez des marrons environ au prix de 1 fr. 25 c. le décalitre, et vous les revendrez en détail, après leur cuisson, près de 4 francs la même mesure. Vous devez aussi être muni de petites mesures légales, telles que demi-litre, double litre, etc., pour le mesurage de votre marchandise. C'est une dépense de 3 ou 4 francs.

Un marchand de marrons débite à peu près deux décalitres par jour, sur lesquels il a au moins 4 francs de bénéfice, et comme il peut ne consumer pas plus de 50 centimes de combustible, en ayant soin de bien choisir son charbon, son gain net va bien de 3 francs à 3 fr. 50 cent.

Marchand de Parapluies ambulant.

On doit d'abord faire l'apppentissage du métier, en entrant quelques mois chez un fabricant de parapluies ; on y travaille au pair, c'est-à-dire qu'on est nourri et qu'on reçoit un petit salaire.

Ensuite on se munit de l'autorisation de colporter et d'un passe-port, pièces que l'on obtient en produisant un extrait de naissance et en prouvant que l'on est honnête homme. Il faut s'adresser, dans les départements, à la préfecture, et, à Paris, à la préfecture de police.

On fait l'acquisition de quelques parapluies et ombrelles neufs chez les fabricants des grandes villes, à moins qu'on ne les confectionne soi-même, ce qui procure de meilleurs bénéfices. On doit, en outre, avoir une provision de manches et d'étoffes à recouvrir, pour pouvoir réparer et remettre à neuf des parapluies endommagés.

Un marchand de parapluies ambulant peut se

former une première pacotille avec une soixantaine de francs, qui seront doublés en peu de temps, s'il a de l'activité. Quand on n'a pas cette somme, on peut se faire confier des marchandises par des fabricants dont on est connu, et on les colporte pour leur compte, moyennant une remise qui est ordinairement de la moitié des bénéfices.

Le gain est d'environ 3 francs par jour.

Comme on dépense fort peu en nourriture et en vêtements, il n'est pas rare de voir des marchands de parapluies ambulants s'établir marchands en boutique après quelques années de travail.

Marchand de Peaux de Lapins et de Chiffons.

Pour avoir le droit d'exercer ce métier, il faut être *médaillé*. La préfecture de police délivre la médaille, qui coûte 2 francs, sur le vu d'un passeport et de papiers en règle.

Pendant le jour, le marchand achète les peaux, les vieux chiffons et souliers, les mauvais chapeaux, et la ferraille. Le soir, rentré chez lui, il fait le *tri* de sa marchandise, et à la fin de chaque semaine, il va la vendre à des marchands.

Beaucoup de ceux qui exercent cette industrie sont venus de l'Auvergne, où ils retournent de temps à autre pour y faire l'acquisition de quelque morceau de terre. Quelquefois, après une dizaine d'années de travaux et d'économie, le marchand quitte tout à fait Paris, et ses voisins sont tout étonnés de le voir à la tête d'une propriété qui vaut une vingtaine de mille francs.

La plupart des marchands de peaux de lapins ont avec eux de petits garçons qu'ils ont loués à leurs parents et auxquels ils donnent la nourriture et le logement. Ces enfants leur rapportent 25 ou 30 sous par jour, comme ramoneurs.

Marchande des Quatre Saisons.

Obtenez une médaille de la préfecture de police, qui vous coûtera deux francs; achetez un éventaire du prix de 1 franc; ajoutez à cela les provisions que vous êtes obligée de faire et qui ne s'élèveront pas à plus de 3 francs, et vous aurez un total de 6 francs de dépense pour tous vos frais.

A chaque saison, la marchande change de provisions : au printemps, elle vend de petits bouquets, des herbes, des œufs frais; en été et en automne, les fruits de chacune de ces saisons; en hiver, le fonds de son commerce consiste en légumes secs, en oranges et en fruits conservés.

Pendant les premiers jours de son commerce, c'est à peine si la marchande peut gagner de quoi subsister; mais lorsqu'elle est au fait de son métier, si elle est rangée, elle peut se faire 2 francs et même 3 francs de bénéfices, qui, répétés durant six ou huit mois, lui permettent d'acheter une petite voiture à bras qu'elle pousse devant elle, et alors elle se fait de bonnes journées.

Plus tard, elle finit par se fixer à la Halle, dans un marché ou sur un pont; pour cela, il lui faut à peu près une douzaine de francs, afin d'acheter une table, des tréteaux, des paniers, un seau, une chaise, quelques carafes et des verres, ainsi que quelques provisions.

Marchande à la Toilette.

Pour s'établir marchande à la toilette, il faut payer d'avance dix mois de loyer; avec quelques centaines de francs on peut commencer à faire des affaires assez lucratives et qui triplent en très-peu de temps.

Une marchande à la toilette paye une patente de 50 francs; elle doit donner avis de son établissement au commissaire de police du quartier et lui faire connaître le local qu'elle occupe.

Ce commerce consiste à acheter à bas prix les dentelles, le linge, les meubles mêmes et généralement tous les objets de ménage. On achète et revend également de petits objets d'art et des bijoux.

Les gains d'une marchande à la toilette sont en général d'environ 50 pour 100.

Ce sont, le plus ordinairement, les anciennes femmes de chambre qui réussissent le mieux comme revendeuses ou marchandes à la toilette.

Marinier.

Les mariniers qui viennent de la Bourgogne, de la haute Auvergne et du Forez, sur des trains de bois, de planches ou de charbon, reçoivent, pour un voyage qui dure deux ou trois semaines, une soixantaine de francs, et ils sont nourris; seulement, ils sont obligés de retourner chez eux à leurs dépens; en général, ils rentrent chez eux avec 40 francs au moins de bénéfice.

Les mariniers doivent être armés d'un bâton solide d'environ quatre pieds de long, au bout duquel est emmanché un morceau de fer formant pique et crochet, qui leur permet de pousser ou arrêter le train, selon leur désir. Cet outil coûte 15 ou 20 sous.

Quelquefois un pilote, qu'on appelle baliseur et qui connaît bien la rivière où l'on navigue, précède les trains dans un batelet et indique les endroits où il serait dangereux de passer. Ce marinier est bien payé.

Les trains et bateaux ne voyagent pas ordinairement la nuit; lorsque le soir approche, on cherche un endroit convenable pour s'arrêter;

on y jette l'ancre et l'on y séjourne jusqu'au lendemain matin.

Matelassier, Matelassière.

Pour apprendre ce métier, adressez-vous à une matelassière et arrêtez avec elle les conditions de l'apprentissage. La durée de l'apprentissage est généralement fixée à deux mois. Après ce temps, l'apprentie devenue ouvrière commence à gagner une journée qui varie de 1 fr. 25 cent. à 1 fr. 50 cent.; elle peut ensuite gagner 2 francs et même 2 fr. 50 cent. Peu de matelassières restent ouvrières, car il ne faut pas beaucoup d'argent pour pouvoir travailler à son compte; et alors on gagne jusqu'à 5 et 6 francs par jour. Les dépenses pour devenir maîtresse matelassière consistent en une claie pour battre la laine, une ou deux paires de cardes, des aiguilles à matelas, un tablier de cuir et un métier; le tout coûte 20 ou 25 francs au plus.

Mousse et Marin de l'État.

En s'engageant à quatorze ou quinze ans comme mousse, on peut être novice à dix-huit ans et matelot à vingt ans. Le mousse reçoit 12 francs par mois et le novice 18 francs. Les matelots de 3e classe touchent 24 francs, ceux de 2e classe 36 francs, et ceux de 1re classe 54 fr.

Un jeune homme qui désire faire son chemin doit s'engager de préférence dans la timonerie; mais on peut avancer aussi dans les rangs des matelots. Si on travaille beaucoup, on peut, au bout du temps nécessaire pour connaître les manœuvres, devenir quartier-maître d'équipage ou de timonerie, grade qui revient à celui de caporal; un peu plus tard, on passe second maître, ou sergent, et enfin premier maître, sergent-major. Dès lors on n'a plus qu'à se mettre en état de subir l'examen après lequel on obtient l'épaulette d'enseigne.

Quand on n'a pas l'ambition d'acquérir des grades, on peut demander à être secrétaire d'un officier, du commissaire de marine, ou à être chargé des signaux; ce sont des positions où l'on n'a aucune fatigue et où on se fait quelques économies.

Des récompenses honorifiques sont souvent accordées à des matelots pour quelque acte de bravoure, de courage ou de patriotisme. Il n'est pas rare de voir la croix de la Légion d'honneur briller à leur poitrine.

L'engagement se fait pour trois, cinq ou sept ans, et il peut être renouvelé indéfiniment. Les jeunes gens qui veulent le contracter doivent avoir une bonne santé.

On cite un nombre considérable de marins célèbres qui sont entrés dans la marine comme mousses et matelots.

Mousse et Matelot de la Marine marchande.

Pour s'engager comme mousse, il faut être âgé de moins de dix-huit ans. Le mousse ne gagne, outre la nourriture, que quelques gratifications de temps à autre. On reste ordinairement dans cette condition dix-huit mois ou deux ans.

Comme matelot du commerce, on gagne 40 ou 50 francs par mois, quelquefois davantage dans les voyages de long cours. Les gabiers, matelots spécialement chargés du service des voiles, gagnent un peu plus que leurs camarades.

Les marins faisant le service des côtes d'un port à l'autre (ce qu'on appelle cabotage) sont un peu moins bien payés ; mais ils ont beaucoup plus de petits profits.

Un matelot intelligent peut, en travaillant beaucoup, arriver à un grade.

Musicien des Bals de Barrière.

Les instrumentistes que l'on voit aux bals des barrières ou des environs de Paris sont, pour la plupart, des musiciens de théâtres ou de concerts, qui se font suppléer accidentellement dans l'orchestre auquel ils sont attachés.

Un musicien, qui ne gagne pas moins de 6 à

7 francs dans un bal, paye à un remplaçant, pour la soirée, 3 francs ; il lui reste ainsi 3 ou 4 francs de bénéfice à ajouter aux appointements que lui donne le théâtre ou le concert de Paris.

Un musicien sans emploi peut entrer en concurrence avec ces artistes.

Le cornet à piston, cheville ouvrière d'un bal, est l'instrument le mieux rétribué ; la soirée d'un piston vaut jusqu'à 10 francs. Après le cornet à piston viennent la clarinette, la contre-basse, la petite flûte et le flageolet ; le violon n'arrive guère qu'en dernière ligne. La clarinette est payée presque aussi cher que le piston.

Pour obtenir du travail dans un orchestre de bal de barrière, il faut s'adresser au chef, qui juge sans appel.

La soirée dure depuis six heures jusqu'à minuit.

Musicien (instrumentiste) **de Café-Concert.**

Un musicien, dans un café-concert, gagne jusqu'à 100 francs par mois.

C'est le chef d'orchestre qui examine les candidats et les présente au maître de l'établissement.

Les instruments préférés sont la contre-basse, la flûte, le flageolet et le violon. Les engagements se font pour un mois au moins.

On travaille de six heures du soir jusqu'à onze

heures; les dimanches et fêtes, on est obligé à un supplément de travail depuis deux heures jusqu'à cinq heures.

Musicien de Régiment.

Si vous êtes soldat et si vous avez quelques connaissances musicales et du goût pour un instrument quelconque, vous pouvez demander à entrer dans la musique en vous adressant au chef de musique, qui vous fera subir un petit examen pour s'assurer que vous possédez au moins les premières notions de l'art.

Si vous êtes admis, vous serez tenu d'assister exactement à toutes les répétitions ou leçons qui ont lieu trois fois par semaine. On a du reste bien le temps de travailler, puisqu'on ne monte jamais de garde et que l'on n'est assujetti à aucun service militaire.

On reçoit une indemnité qui varie, selon le talent, de 15 à 30 et même à 50 francs par mois, et on jouit en outre de sa solde comme soldat.

Les musiciens d'un régiment n'ont affaire qu'au chef de musique, qui s'entend avec le colonel, et ne reçoivent d'ordre que de lui.

Quelques-uns des musiciens sont gagistes, c'est-à-dire que, n'étant pas militaires, ils s'engagent seulement comme musiciens pour deux ans, et prolongent leur engagement autant qu'ils le veulent. Ils reçoivent une indemnité et jouissent également de la solde.

Actuellement, les chefs de musique des régiments sont formés au Gymnase musical militaire de Paris, dirigé par M. Carafa, où chaque régiment entretient un sujet pendant trois ans. Au bout de ce temps, si l'élève a fait preuve d'intelligence et de talent, on le met, après concours, à la tête d'un corps de musique.

Les chefs de musique ont 1 500 et 1 800 francs de traitement, le rang de sous-officier et la paye de soldat, de caporal ou de sergent, selon qu'ils ont ou non ces différents grades ; ils ont le droit de loger et vivre en dehors de la caserne.

Musicien (instrumentiste) **de petits Théâtres.**

Si l'on sait jouer passablement d'un instrument, on peut se présenter devant le chef d'orchestre des petits théâtres de Paris ou de la banlieue. On subit un examen.

Les appointements varient de 25 à 50 francs par mois. Les instrumentistes les mieux rétribués sont ceux qui jouent de la flûte, du violon et de la contre-basse.

On est occupé le soir de sept heures à minuit, et obligé d'assister de temps en temps aux répétitions qui ont lieu le jour.

Pour obtenir une place de musicien dans les

théâtres lyriques, il faut subir un concours en règle.

Ouvreur et Ouvreuse dans un Théâtre.

Adressez-vous au directeur ou au régisseur d'un théâtre, exposez-lui votre situation et faites qu'il s'intéresse assez à vous pour vous accorder la place d'ouvreur ou d'ouvreuse de loges. Les hommes sont employés à l'orchestre et au parterre, et les femmes aux galeries.

Dans les principaux théâtres de Paris, les ouvreuses se font des soirées moyennes de 2 fr. 50 c. à 3 francs; aux petits théâtres des boulevards et de la banlieue, elles n'ont pas plus de 75 centimes à 1 franc de bénéfices chaque soir. Quelques théâtres de la banlieue donnent quatre ou cinq fois par an des représentations au bénéfice de leurs ouvreuses.

Papetier.

Peu de personnes s'établissent papetier avant d'avoir été apprenti, puis commis dans la papeterie. Lorsqu'un commis est parvenu à avoir quelques économies et à se faire une réputation d'honnête homme, il peut ouvrir une petite boutique. Il doit payer d'avance les six premiers mois du loyer, ainsi que le comptoir et les rayons à papier qu'il est obligé d'acheter. Si, après ces dépenses faites, il lui reste 600 francs pour les premières emplettes, qui consistent en fournitures de bureau, encre, plumes, crayons, papier, règles, canifs, grattoirs, gomme à effacer, sandaraque, presse-papiers, encriers, portefeuilles, agenda, carnets, images, livres de messe, etc., il peut s'établir avec l'espérance, étant honorablement connu, de trouver des marchandises à crédit dans les limites de ses affaires.

Les formalités à remplir pour ouvrir une boutique de papeterie sont les mêmes que pour les autres marchands.

Pâtissier.

L'apprentissage de cet état se fait ordinairement en deux ans de temps. L'apprenti est nourri et couché, mais il se blanchit.

Les gratifications que l'on reçoit des gens chez qui l'on est chargé de porter des mets ou des gâteaux se partagent entre tous les apprentis, ce qui leur procure presque de quoi s'entretenir.

Quand l'apprentissage est fini, soit que l'on reste dans la même maison, soit qu'on entre dans une autre, on gagne environ 2 francs par jour avec la nourriture. Après deux années, si l'on est adroit, on peut gagner jusqu'à 4 et 5 francs. Ensuite, avec un peu d'intelligence et de l'économie, on peut s'établir assez facilement. On débute par une spécialité, galette, oublies, etc., dans un coin, sur les boulevards ou dans les passages fréquentés ; plus tard, le débit augmentant, on prend un fonds plus considérable.

Beaucoup de garçons pâtissiers, qui ne veulent pas s'établir, se font cuisiniers. Pour cela, ils n'ont qu'à se perfectionner durant un mois ou deux dans un restaurant de premier ordre, où ils reçoivent un bon salaire tout en s'instruisant.

Peintre en Bâtiments.

Cet état demande un apprentissage dont la durée est généralement de trois ans, pendant lesquels on travaille pour le compte du patron et on est nourri et couché par lui. Les conditions diffèrent quelquefois ; cela dépend du patron avec qui l'on traite, et souvent aussi de l'aptitude que l'apprenti semble montrer pour l'état qu'il embrasse.

On ne reçoit ordinairement pas d'élève au-dessous de quatorze ans ni au-dessus de dix-huit.

Après cinq à six mois d'étude, quand l'apprenti est actif et laborieux, son patron commence à lui donner, chaque semaine, une petite gratification de 50 ou 75 centimes, qui s'accroît progressivement jusqu'à 6 et 8 francs, au moment où l'apprentissage arrive à sa fin.

Devenu ouvrier, on ne gagne pas de journée inférieure à 3 francs, encore faut-il que l'on soit peu habile. Le salaire moyen est de 5 francs par jour; les meilleurs ouvriers reçoivent jusqu'à 7 francs.

Il est bien rare qu'on reste ouvrier plus de quatre ou cinq ans, temps employé à connaître à fond les finesses du métier. Après cela, on se crée une clientèle en se faisant bien venir des particuliers chez lesquels on a été employé, et on travaille seul à son compte jusqu'à ce que l'ouvrage abonde assez pour qu'on doive se faire aider par des ouvriers et des apprentis.

Pisteur.

Toutes les petites administrations de messageries ont des pisteurs, c'est-à-dire des gens stationnant à différents endroits, dans le but de rechercher des voyageurs et de les amener de préférence à l'entreprise à laquelle ils sont attachés. Le mot pisteur vient de la locution *Aller à la piste*.

On n'a pas même besoin, pour être pisteur, de se faire agréer par une administration; il suffit d'avoir son assentiment, qu'elle ne refuse presque jamais, puisque l'on travaille dans son intérêt.

Les pisteurs ont une remise sur chaque voyageur qu'ils amènent à l'administration; cette remise varie selon la distance que le voyageur doit parcourir. En moyenne, un pisteur intelligent gagne 2 ou 3 francs par jour.

Il est nécessaire d'être adroit, insinuant, poli, et d'avoir même une certaine éloquence. D'abord, il faut deviner sur la figure des gens qui circulent ceux qui sont des voyageurs ; puis il faut les amener à écouter et accepter les propositions qu'on leur fait de les conduire à une administration spéciale de voitures publiques.

Si l'on sait parler une langue étrangère, surtout la langue anglaise, on a de grands avantages sur ses concurrents.

Dans les villes du Nord, il n'est pas rare de rencontrer des pisteurs qui savent parler de routine quatre ou cinq langues.

Polisseuse.

Une femme laborieuse trouve de très-bonnes et très-honorables ressources dans cet état, qui consiste à nettoyer et faire reluire, à l'aide de brosses, fil, huile, ponce en poudre, etc., tous les bijoux d'or ou d'argent.

On en fait l'apprentissage en un an de temps, pendant lequel on ne gagne rien, mais on est nourrie. Ensuite, dès qu'on est ouvrière, on ne reçoit pas moins de 1 fr. 50 cent. par jour, et, en se perfectionnant, on arrive à gagner des journées de 3 et 4 francs.

Quand on a une réputation d'ordre et de probité bien établie, on peut travailler chez soi à son compte et prendre des ouvrières ou des apprenties, au fur et à mesure que l'on obtient la confiance d'un plus grand nombre de fabricants de bijouterie. Les frais d'établissement consistent simplement en un établi en chêne et quelques peaux destinées à recevoir les débris de fil et de brosse qui contiennent des parcelles d'or.

Une polisseuse qui travaille comme ouvrière dans un atelier de bijouterie ou chez une entrepreneuse donne douze heures de travail et gagne en moyenne 2 fr. 50 cent.

Porteur de Charbon.

Adressez-vous à la préfecture de police pour obtenir la médaille de porteur de charbon. Vous devrez produire des certificats de bonne conduite et un extrait de naissance. La médaille coûte 2 francs.

Une fois médaillé, on se présente sur le port au charbon où l'on doit stationner, et l'on y attend l'occasion d'être employé. On est payé à raison de 75 centimes, 1 franc et 1 fr. 25 cent. la course, suivant la distance que l'on a à parcourir.

Pendant les premiers mois d'exercice, un porteur ne gagne guère plus de 1 fr. 50 cent. ou 2 francs par jour ; mais dans la suite, pourvu que l'on soit laborieux et honnête, on peut aisément gagner de 4 à 5 francs.

Il est indispensable d'être poli, prévenant et empressé, si l'on veut être choisi de préférence à ses camarades par les personnes qui viennent acheter leur charbon.

Porteur d'Eau.

On trouve dans ce métier d'honorables moyens d'existence, sans être induit, pour ainsi dire, à aucune dépense. En effet, on n'a besoin, pour l'exercer, que de se pourvoir de deux seaux qui coûtent 3 francs l'un, et d'une bricole de 1 fr. 50 cent. ou 2 francs.

On est payé à raison de 15 centimes les deux seaux, qui contiennent chacun une voie d'eau que l'on va puiser aux fontaines publiques. On peut gagner 4 et 5 francs par jour en travaillant beaucoup ; la journée moyenne est de 3 francs.

Un porteur d'eau économe et laborieux achète un tonneau qu'il traîne lui-même sur une charrette jusqu'à ce qu'il puisse avoir un âne. En prenant un tonneau, il est obligé d'obtenir une autorisation de la police, qui l'accorde sur le témoignage de deux commerçants. Ensuite il est tenu de faire mesurer son tonneau par les préposés à ce service, ce qui lui coûte 2 francs ; enfin, il paye 20 ou 25 centimes aux pompes chaque fois qu'il va y remplir son tonneau. Ses recettes moyennes sont alors de 5 francs.

Sous peine d'une amende de 15 francs, le porteur d'eau au tonneau est tenu d'avoir son tonneau plein pendant la nuit et de déclarer le local où il est déposé.

Porteur aux Marchés aux Fleurs et au Port aux Fruits.

Une médaille délivrée par la préfecture de police est indispensable; elle coûte 2 francs.

Tous les jours il y a marché aux fleurs, soit à la Madeleine, au Château-d'Eau, au quai près du palais de justice, ou à la place Saint-Sulpice; les porteurs sont donc à même de travailler toute la semaine. On reçoit 75 centimes ou 1 franc par course, pour peu que le but en soit éloigné. Quelquefois, quand on emploie une voiture à bras, qu'on loue 20 centimes, la course se paye 1 f. 50 c. et même 2 francs.

Le travail d'un porteur est peu pénible; il faut être poli et avoir beaucoup d'adresse pour lutter avantageusement contre la concurrence, qui est nombreuse.

La journée moyenne d'un porteur s'élève à 2 fr. 50 cent. ou 3 francs, non compris les pourboires. Il en est quelques-uns, les mieux connus, qui gagnent jusqu'à 4 et 5 francs.

Les porteurs du Mail ou port aux fruits sont

réglementés de la même manière que leurs camarades des marchés aux fleurs; ils ont aussi à peu près les mêmes bénéfices.

Portier.

En général, on donne de préférence les places de portier à d'anciens domestiques ayant fait leurs preuves d'honnêteté et de fidélité, à d'anciens militaires, à des pères de famille probes et malheureux.

Les portiers sont logés et reçoivent des appointements qui varient depuis 200 jusqu'à 1 200 fr., selon l'importance de la maison. Il en est même quelques-uns qui n'ont d'autre indemnité que le logement; d'autres qui reçoivent 5 francs par mois, ainsi que cela a lieu dans la plupart des maisons de la banlieue et des quartiers les moins riches de Paris. Mais par les commissions dont ils sont fréquemment chargés, et par les ménages qu'ils font, ou en frottant les appartements, il en est peu qui gagnent moins de douze et quinze cents francs, et plusieurs se font trois et quatre mille francs, dans les maisons où les locataires sont nombreux.

Physicien avec Machine électrique.

Pour être physicien avec machine électrique, il faut obtenir une autorisation semblable à celle du physicien au télescope; on est obligé de la faire renouveler annuellement.

La machine électrique, qui doit avoir une roue de 15 à 18 pouces de diamètre, coûte au moins, en l'achetant neuve, 300 ou 400 francs avec les accessoires; mais on peut trouver une machine d'occasion pour 150 ou 200 francs.

Le gain que procure cette industrie n'est grevé d'aucune dépense autre que celle de la modique paye que l'on donne à un enfant pour tourner la roue, tandis qu'on va soi-même présenter la chaîne aux curieux.

Toute personne qui se fait électriser, c'est-à-dire qui tient la chaîne dans ses mains durant deux ou trois secondes, paye 5 centimes et quelquefois 10. Aussi n'est-il pas rare qu'en une journée, le dimanche, par exemple, on se fasse 12 ou 15 francs de bénéfices. On ne travaille ordinairement que deux fois par semaine, le dimanche et le jeudi.

Physicien au Télescope.

Obtenez de la préfecture de police, en produisant des papiers en règle, l'autorisation de stationner avec votre instrument sur une place publique. Vous serez obligé de payer pour cette autorisation un droit annuel d'environ 10 francs.

Un télescope d'occasion coûte de 100 francs

à 150 francs, au lieu de 1 000 francs et 1 200 francs lorsqu'on l'achète neuf.

La moyenne des recettes d'un physicien au télescope est d'à peu près 2 francs par soirée. C'est exceptionnellement que l'on se fait jusqu'à 4 francs et 5 francs.

Comme on n'est occupé que le soir, on peut profiter des journées pour se procurer d'autres moyens d'existence.

Ramasseur de Boules au jeu du Cochonnet.

Cette industrie s'exerce aux Champs-Élysées, au Luxembourg, vers la grille de l'Observatoire, et dans le bois de Boulogne.

Pour obtenir de se faire employer comme ramasseur, il faut se faire connaître du propriétaire des boules. Ensuite on doit lutter avec ses concurrents de prévenances, de bonne humeur et d'agilité, pour se faire agréer des joueurs, qui choisissent pour les servir la personne qui leur convient.

Le travail d'un ramasseur consiste à surveiller les boules des joueurs du cochonnet, à voir où elles roulent et s'arrêtent, à les réunir lorsqu'une partie est finie, et à marquer la place d'où l'on doit jouer. Lorsque les joueurs se retirent, le ramasseur doit rapporter les boules au propriétaire ; s'il s'en égare, c'est lui qui est responsable.

Les joueurs donnent ordinairement au ramasseur 1 sou par boule, quelquefois 2 sous, lorsqu'ils jouent un peu longtemps. Or, comme généralement on joue à quatre avec chacun trois boules, cela fait un gain de douze et par extraordinaire même de 24 sous pour le ramasseur. On peut surveiller successivement dans une après-midi deux ou trois jeux, et par conséquent gagner depuis 1 fr. 50 jusqu'à 2 francs dans sa journée.

Ravageur.

Le métier de ravageur consiste à rechercher, parmi les détritus de la ville, ou dans la rivière lorsque la saison le permet, les morceaux de fer rouillé et tout ce qui a pu être abandonné ou perdu dans l'eau, ou entraîné par cet élément lors des inondations.

On doit être muni d'un panier pour renfermer les trouvailles, et d'un crochet en fer pour les découvrir ; quelques ravageurs ont, en outre, un petit tamis en osier dans lequel ils passent le sable et le gravier où ils présument trouver quelque objet.

Régleur de Charbon.

Il faut savoir lire, écrire et calculer passablement pour pouvoir prétendre à la place de régleur. Pour l'obtenir, on adresse une demande, accompagnée de certificats, à l'agent général de la Société des marchands de charbon, et l'on tâche de s'en faire bien venir, car c'est sur sa recommandation que l'on est ou non accepté par le conseil d'administration de la Société.

Un régleur a des appointements fixes de 1 500 francs, sans aucun autre profit. Il n'est pas occupé le dimanche.

A la fin de sa journée, c'est-à-dire à cinq heures en été et à quatre heures en hiver, le régleur doit se trouver d'accord avec l'employé de l'octroi, qui surveille la vente pour le compte de la ville, sur le nombre d'hectolitres de charbon, de poussier et de fumerons, qui ont été vendus.

Rémouleur.

Pour exercer cet état, il faut en faire un court apprentissage, qui consiste à accompagner un rémouleur pendant quelques semaines, afin d'apprendre la manière de repasser les diverses espèces de lames. On ne paye rien pour cela : seulement on travaille sans être rétribué et l'on se nourrit.

Lorsque l'on connaît le métier, on achète une petite charrette sur laquelle sont adaptées une meule et une mécanique pour la faire tourner en s'aidant du pied. La meule coûte ordinairement de 8 à 9 francs; la charrette et la mécanique, 20 ou 25 francs; en outre, on est obligé d'avoir un seau en bois ou en fer-blanc, ayant dans le fond un robinet posé de manière que l'eau tombe sur la meule en filet ou goutte à goutte.

La moyenne du gain d'un rémouleur est d'environ 3 francs par jour, et l'on est forcé de remplacer sa meule tous les cinq ou six mois, ou plus souvent si l'on a beaucoup d'ouvrage.

Rempailleur, Rempailleuse.

Adressez-vous, pour faire votre apprentissage, à un rempailleur, qui vous demandera trois ou quatre semaines au plus, si vous avez de la bonne volonté.

Cherchez ensuite un petit local où vous puissiez vous établir, sous une porte cochère, dans un passage ou une impasse, et munissez-vous de quelques outils indispensables.

Le prix ordinaire d'un rempaillage de chaise est de 1 franc et 1 fr. 25 cent. Pour une chaise commune ou un tabouret, dans les quartiers populeux, le rempaillage se fait souvent à raison de 75 centimes.

Un rempailleur un peu actif peut réparer jusqu'à cinq ou six chaises dans sa journée, ce qui lui donne un bénéfice d'au moins 4 francs, sur lesquels il n'a pas pour 50 centimes de bois et de paille à fournir.

Remplaçant militaire.

Pour être admis à remplacer, il faut produire : 1° un extrait de naissance ; 2° un certificat constatant qu'on a satisfait à la loi du recrutement ; 3° un certificat de bonne vie et mœurs ; 4° enfin un certificat de médecin affirmant qu'on est propre au service.

La durée du remplacement est de sept ans.

Un homme qui n'a jamais été soldat n'est admis à remplacer que jusqu'à trente ans ; passé cet âge, on ne l'accepte plus. Les anciens militaires peuvent remplacer encore à l'âge de trente-cinq ans.

Le prix ordinaire d'un remplacement qui se fait de gré à gré avec la personne qu'on doit remplacer est de 1 500 à 1 800 francs.

En temps de guerre, ce prix s'élève jusqu'à 5 000 francs et au-dessus.

Un remplaçant n'a pas beaucoup de chances d'avancement ; il est rare même qu'on obtienne des grades, et on n'a que deux ou trois exemples qu'un remplaçant soit arrivé chef de bataillon ou capitaine.

Repriseuse de Châles.

L'apprentissage de cet état se fait en donnant deux ans de temps si l'on est nourrie par la patronne, et un an si on ne l'est pas.

En sortant d'apprentissage, une ouvrière gagne ordinairement 2 francs par jour; et lorsqu'elle s'est perfectionnée durant quelques années, si elle a du goût et de l'aptitude, elle peut travailler à son compte ou rester ouvrière, en gagnant des journées de 4 et 5 francs.

La moindre reprise à un châle se paye 10 ou 15 francs. Une personne habile peut la faire en un jour ou deux.

Une bonne repriseuse a toujours une position assurée et se fait des gains assez élevés.

Soldat (Engagé volontaire).

Un jeune homme qui veut s'engager, c'est-à-dire entrer dans le service militaire, doit produire :

1° Un extrait de naissance constatant qu'il n'a pas moins de dix-sept et plus de trente ans au moment de son engagement;

2° Une attestation de médecin qui le déclare propre au service;

3° Un certificat de moralité;

4° Une autorisation de son père, ou de son

tuteur s'il est orphelin. Cette dernière pièce peut être avantageusement remplacée par la présence du père à la signature de l'engagement. Un ancien militaire peut s'engager jusqu'à trente-cinq ans. Il est rare qu'après deux ou trois ans au plus un engagé volontaire, s'il est un peu instruit, ne devienne pas sergent-major, s'il est dans la ligne, ou maréchal des logis, s'il appartient à la cavalerie. On lui tient compte de sa vocation. Plusieurs même sont officiers au bout de trois ans.

Arrivé au grade de sergent-major, on touche 1 fr. 20 cent. à peu près par jour, et on ne donne que 60 centimes au plus à l'ordinaire pour la nourriture journalière; il reste donc 60 centimes pour les menues dépenses.

Si l'engagé volontaire a de la conduite et de l'intelligence, il passe sous-lieutenant après sept ou huit ans de service au plus.

Il y a avantage à prendre du service dans l'infanterie; l'avancement y est plus rapide que dans la cavalerie et dans les armes spéciales, où beaucoup de jeunes gens instruits tiennent à entrer, par rapport à l'uniforme, qui est plus brillant.

Surveillant et Surveillante de Dépôts de Sable.

Sur les quais de Paris, en plusieurs endroits, sont des dépôts de sable où viennent se fournir les gens qui font des constructions ou qui sablent des jardins. Ces dépôts appartiennent à divers entrepreneurs, et chacun d'eux est surveillé par un homme ou par une femme.

Comme cette sorte d'emploi est peu recherchée, on a quelques chances sérieuses de l'obtenir dans un moment de gêne. On se présente à un dépôt de sable, on demande à parler au patron, et on fait de son mieux pour être bien venu de lui.

Les surveillants sont chargés de veiller à la conservation du sable, à ce qu'on emplisse d'une manière convenable les tombereaux qui viennent se charger, et de percevoir le prix de chaque vente. Si la surveillante a un état de couture quelconque, elle peut l'exercer, car toute la journée elle reste assise, en plein air quand il fait beau, et dans une petite cabane s'il fait mauvais temps. Un homme peut aussi se livrer à divers travaux sédentaires pendant le même temps.

On donne 1 fr. 25 cent. par jour à un surveillant ou à une surveillante ; la journée dure depuis six heures du matin jusqu'à six heures du soir. Lorsque c'est un maître qui vient faire lui-même ses provisions de sable, on reçoit parfois de légers pourboires.

Teneur de Livres.

Il y a deux sortes de tenues de livres : la tenue de livres en partie simple, et la tenue de livres en partie double; c'est cette dernière qui est la plus généralement employée dans toutes les maisons de commerce.

Il n'est pas difficile d'apprendre à tenir les livres. On achète une méthode qui coûte, neuve, de 3 à 4 francs, mais qu'on peut avoir d'occasion pour 1 franc ou 1 fr. 50 cent., et on l'étudie avec attention pendant deux ou trois semaines; puis on cherche à appliquer ce qu'on sait de théorie en tenant les livres deux ou trois fois sous la direction d'une personne expérimentée : c'est assez pour être en état de gagner sa vie.

Lorsqu'on veut obtenir de l'occupation comme teneur de livres, il faut s'adresser aux commerçants, en ne demandant d'abord qu'un salaire très-modéré ou même en offrant de travailler à l'essai. Il est rare, si l'on y met de la persistance et de la volonté, que l'on ne finisse pas par trouver à s'employer au bout de quelques jours de recherches. Il est bien entendu qu'on n'est accepté comme teneur de livres qu'en fournissant de bons renseignements et en produisant des certificats favorables.

Dans les petites maisons de commerce, on travaille une heure ou deux par jour, et on reçoit de 25 à 40 francs par mois. En travaillant pour trois ou quatre maisons, ce qui est très-possible, on peut donc gagner de 100 à 120 francs par mois.

Les grandes maisons de commerce ont ordinairement des teneurs de livres permanents, qui reçoivent des appointements beaucoup plus considérables, mais qui donnent tout leur temps depuis le matin neuf heures jusqu'au soir à la même heure environ.

Beaucoup d'employés de l'État, dont les ressources sont insuffisantes, se font teneurs de livres pour occuper utilement leurs soirées.

Terrassier.

La journée moyenne d'un terrassier est de 2 fr. 25 cent. à 2 fr. 50 cent. pour douze heures de travail. Beaucoup d'entrepreneurs fournissent les outils nécessaires; quelquefois cependant on est obligé de se fournir d'une pelle en bois de 60 ou 75 centimes et d'une pioche qui coûte 1 fr. 50 cent.

Souvent on défriche durant tout un jour, d'autres fois on charge des voitures à l'aide d'une pelle, ou bien encore on passe des semaines entières à conduire des brouettées de pierres ou de terre d'un point à un autre.

Il faut qu'un terrassier qui débute soit très-calme et très-prudent, s'il veut éviter les querelles et les batteries; il devra l'être surtout s'il a un peu plus d'instruction ou d'éducation qu'il ne s'en rencontre parmi les ouvriers employés ordinairement à ces travaux : on doit supporter leurs railleries et éviter d'exciter leur envie.

Vidangeur.

Adressez-vous à un entrepreneur de vidanges, avec votre livret d'ouvrier ou avec des papiers en règle.

Vous ferez pendant quelques semaines une espèce d'apprentissage pour vous mettre au courant du travail, en accompagnant et en aidant vos camarades. Vous recevrez environ 2 francs par jour, ou plutôt par nuit, pour ce service.

Un ouvrier vidangeur gagne en moyenne 4 fr. Le travail, qui a lieu la nuit, est pénible, mais non malsain. Il commence à huit ou neuf heures du soir et finit à cinq ou six heures du matin.

Vitrier ambulant.

Il faut savoir bien couper le verre, ce qui s'apprend aisément en quelques heures. Le reste du métier ne demande que de l'adresse et du soin.

La préfecture de police accorde l'autorisation sur la présentation de certificats ou d'un passeport en règle. On paye un droit annuel de 6 à 10 francs, quelquefois de 14 à 15 francs.

On achète : 1° un portoir avec boîte, 2 francs ; 2° un éclat de diamant emmanché pour couper le verre, 5 francs ; 3° un marteau et un petit ciseau, 1 fr. 50 cent. ; 4° un peu d'huile et de blanc d'Espagne pour faire le mastic, un mauvais couteau, 1 franc; 5° une provision de 3 ou 4 francs de verre à vitres.

La journée d'un vitrier ambulant ne dépasse guère 2 fr. 50 cent., parce qu'il est obligé d'acheter son verre en détail chez les marchands et non dans les fabriques, où il le payerait meilleur marché, s'il pouvait l'acheter par provisions un peu considérables.

QUELQUES BONS CONSEILS.

La faim regarde à la porte de l'homme laborieux, mais elle n'ose pas entrer.

—

L'oisiveté ressemble à la rouille; elle use beaucoup plus que le travail : la clef dont on se sert est toujours claire.

—

Cent ans de lamentations ne payent pas un sou de dettes.

—

L'industrie paye les dettes, le découragement les augmente.

—

Plusieurs *peu* font un *beaucoup*.

—

Qui veut, peut; et qui persévère, réussit.

—

Il n'est point de petite affaire.

—

Qui s'attend à l'écuelle d'autrui risque de demeurer sur son appétit.

—

Goutte à goutte l'eau creuse la pierre, et de petits coups répétés abattent de grands chênes.

—

Ne désespérez pas : en tout pays, il y a une lieue de mauvais chemin, et le plus souvent à force d'aller mal, tout va bien.

—

Nul ne sait ce que fortune lui garde. Job a été riche, puis pauvre, et à la fin il est redevenu riche.

—

Gardez bien votre boutique, et votre boutique vous gardera.

—

Les manières polies et engageantes sont de perpétuelles lettres de recommandation.

—

Douces paroles du marchand n'écorchent point sa bouche, et marchandise qui plaît est à demi vendue.

—

A marchand aimable, débit rapide.

—

Indolence n'est point patience.

—

Le sommeil et le manger peuvent être remis au lendemain ; l'occasion et le temps, jamais.

—

Soyez toujours prêt.

—

Il ne faut jamais avoir honte de demander ce qu'on ne sait pas.

—

Qui sait à propos interroger les gens sensés est déjà sage à demi.

—

Gardez bien vos sous, les pièces d'or se garderont elles-mêmes.

—

Point de retard, à l'œuvre! durcissez vos mains au travail : chat en mitaines ne prend pas de souris.

—

Main fermée ne prend pas de mouches.

—

Même dans les plus petites choses, faites toujours le mieux possible.

—

Il en coûte plus cher pour rassasier un vice que pour nourrir deux enfants.

—

Gains légers rendent la bourse pesante : les grands gains sont toujours rares.

—

Qui veut faire fortune en un an, se fait emprisonner en moins de six mois.

—

Qui ruse s'use; bonne foi attire et retient à soi.

—

Le fruit du travail est le plus doux des plaisirs.

—

Soyez doux et modeste, sans être jamais servile : le plus pauvre des hommes a son âme à respecter et à faire respecter.

—

Pour avoir vie heureuse, il faut industrie, ordre et bonne foi.

FIN.

PARIS. — TYPOGRAPHIE DE J. BEST.
rue Poupée, 7.

www.ingramcontent.com/pod-product-compliance
Ingram Content Group UK Ltd.
Pitfield, Milton Keynes, MK11 3LW, UK
UKHW021548260726
13993UKWH00002B/714